Weihnachts-
Kochbuch

Inhalt

Einleitung

Vorwort

Alle Jahre wieder steht Weihnachten vor der Tür. Viele sehen diesem Fest eher mit Bangen als mit Vorfreude entgegen, denn die sogenannte „schönste Zeit im Jahr“ hat immer auch ihre heiklen Seiten. Und das, obwohl man sich meistens viel Mühe gibt, auf alle Bedürfnisse einzugehen und eine friedliche Stimmung zu zaubern.

Wer Weihnachten mag, verbindet meist sehr romantische Erwartungen mit dem Fest: Es schneit, wir sitzen heimelig mit unseren Lieben im Kerzenschein zusammen, erfüllt von Liebe und Geborgenheit. Wenn es dann nicht so kommt, ist die Enttäuschung groß und wir zweifeln an uns selbst oder geben unseren Angehörigen die Schuld.

Meist wird die Zeit für die Vorbereitungen viel zu knapp, und die Tage vor Weihnachten sind mit wachsender Hektik angefüllt: Plätzchen backen, Geschenke suchen und verpacken, für das Festmenü einkaufen, den Christbaum schmücken, Weihnachtskarten schreiben, die Wohnung in Ordnung bringen. Wer schon ausgelaugt und mit strapazierten Nerven in die „Schlussrunde“ geht, hat einen entsprechenden Reizpegel und begegnet möglichen Macken seiner Lieben mit wenig Geduld.

Doch es geht auch anders: Wie wär's einmal mit Weihnachten ohne Stress und böse Überraschungen? Garantien gibt es natürlich nicht, aber gute Ideen, wie man den Zeitplan so gestalten kann, dass die Vorbereitungen nicht nur weniger stressig sind, sondern sogar richtig Spaß machen.

Einer der wichtigsten Grundsätze heißt: Starten Sie **rechtzeitig** mit den Vorbereitungen, damit kein Wettlauf gegen die Zeit entsteht. „Last Minute" ist etwas für den Urlaub, aber absolutes Gift für die Weihnachtszeit. Deshalb ist eine entsprechend gute Planung wichtig. „Zeitmanagement" heißt das Zauberwort, das viele der hausgemachten Probleme mühelos aus dem Weg räumt:

Überlegen Sie zunächst, was Sie wann machen wollen und müssen. Nehmen Sie sich nur so viel vor, wie Sie ohne in Stress zu geraten, erledigen können und verplanen Sie höchstens 60 bis 80 Prozent des Tages, dann kann Sie auch Unvorhergesehenes nicht aus der Ruhe bringen.

In der „heißen Phase" kurz vor Weihnachten planen Sie am besten jeweils nur für einen Tag im Voraus, dann bleibt der Zeitraum überschaubar und Sie bleiben flexibel. Genießen Sie es, wenn Sie etwas erfolgreich erledigt haben und achten Sie darauf, Pausen zu machen. Behalten Sie den Blick für das große Ganze, sprich: das Fest und die Freude am Feiern, und verlieren Sie sich nicht in Details. So behalten Sie die Relationen im Blick.

Tischdekoration und dies und das …

Eine gelungene Weihnachtsdekoration ist heute oft nichts weniger als traditionell – von edel bis schrill, von Girlanden über Engelskostüme bis zur essbaren Tischdekoration ist alles möglich. Auch hier gilt: Erlaubt ist, was gefällt, also suchen Sie für sich Farbtöne und Materialien aus, die Ihnen und Ihren Lieben Freude machen. Es braucht nicht viel, um Weihnachtsstimmung auf den Tisch zu zaubern.

Beim Geschirr fängt alles an: Ihr Geschirr reicht für sechs Personen, es werden aber acht zu Besuch sein? Improvisieren Sie doch einmal Ton in Ton. Auch ein Stilmix aus alt und neu und aus verschiedenen, weißen Geschirrsorten kann sehr edel und festlich aussehen. Genau genommen ist Weiß ja keine Farbe, deshalb lässt es sich aber auch so gut kombinieren. Das Gute ist: Zu Weiß passt reichlich Deko, z. B. aus Kiefernzweigen, Perlen, glitzernden Silbersternchen und weißen Engeln, denn was sonst schnell überladen wirkt, bekommt in der Kombination mit schlichtem Weiß einen festlichen Anstrich. Dazu ein paar edle Kristallgläser für den Wein und eine Etagere mit Keksen und Früchten …

Sie haben keine Etagere? Auch das ist kein Problem: Nehmen Sie verschieden große Teller, z. B. einen Platzteller, einen Essteller, einen Kuchenteller und eine Untertasse und drei verschiedene Tassen. Beginnen Sie mit dem größten Teller, platzieren Sie in seiner Mitte eine umgedrehte Tasse, darauf den nächst kleineren Teller und wieder eine umgedrehte Tasse in die Mitte und so weiter. Achten Sie darauf, dass die Teller im Durchmesser von unten nach oben kleiner werden, und schauen Sie insgesamt, dass die nötige Stabilität gegeben ist. Schön sieht es übrigens auch aus, wenn Sie verschiedene Dekore miteinander vermischen. Richten Sie Petit Fours, Pralinen und selbst gebackene Kekse oder Obst auf den Tellern an, voilà!

Zu einem solchen festlichen Tisch passen natürlich silberne oder kristallene Kerzenleuchter oder – damit nichts im Weg steht – Sie verteilen ein paar gläserne Windlichter zwischen den Tannenzweigen auf dem Tisch. Sehr schön ist es auch, eine oder mehrere Lichterketten längs über den Tisch laufen zu lassen und teilweise zwischen der restlichen Deko zu verstecken. Wer wegen der Kinder auf Kerzenschmuck in Tischnähe verzichten möchte, kann es einmal mit einer Lichtvase probieren: Füllen Sie eine große, durchsichtige Vase mit einer langen Lichterkette und mischen Sie gläserne Christbaumkugeln, Lametta und farblich passende Dekogegenstände darunter. Das Ende der Lichterkette verstecken Sie ebenfalls unter Zweigen. Perfekt sind übrigens energiesparende LED-Lichterketten, der etwas höhere Anschaffungspreis rechnet sich nicht nur durch den extrem geringen Stromverbrauch, sondern auch über die wesentlich längere Lebensdauer.

Checkliste und Zeitplan für die Weihnachtsvorbereitungen

Wenn Sie das nächste Weihnachtsfest planen, versuchen Sie es doch einmal mithilfe der folgenden Checkliste. Die Liste enthält Anhaltspunkte, die Sie natürlich individuell anpassen und erweitern können.

Denken Sie daran: Je besser Sie planen, umso niedriger fällt der Stresspegel aus und je geringer der Stress, desto besser die Stimmung.

Zwei bis drei Monate vorher	Vier Wochen vorher	Eine Woche vorher
– Planung: Gästeliste, Menüfolge, Dekorationsideen Achtung: Am besten Rezepte aussuchen, die sich gut vorbereiten lassen und die Sie schon einmal ausprobiert haben, sonst kann es böse Überraschungen geben. Achten Sie insgesamt auf eine ausgewogene Mischung. – Für ausreichend Geschirr und Gläser sorgen – Geschenke kaufen	– Weihnachtskarten schreiben – Weine, Kerzen, Dekoration, Keks- und Bastel-Utensilien besorgen – Haltbare Lebensmittel einkaufen – Geschenke einpacken und dekorieren – Gemeinsam am ersten Adventswochenende Weihnachtsdekorationen basteln und Plätzchen backen	– Wohnung aufräumen und alles Notwendige für Übernachtungsgäste bereitlegen – Genügend Stühle für die Gäste besorgen – Einen Baum besorgen und die Wohnung schmücken – Eine kleine Familienkonferenz einberufen, Absprachen treffen und wichtige Aufgaben verteilen – Frische Lebensmittel nach und nach einkaufen, besondere Lebensmittel vorbestellen

Am Tag vorher	Drei bis fünf Stunden vorher	Kurz vorher
– Alles vorbereiten, was sich schon am Tag zuvor erledigen lässt – Speisen, die sich zum Einfrieren eignen, herstellen – Getränke kühlen	– Frische Speisen zubereiten – Tisch eindecken – Achtung: Kein Perfektionismus, bleiben Sie locker! – Zeit für das eigene, festliche Outfit nehmen	– Evtl. Zeit für einen kleinen Aperitif nehmen – Kerzen anzünden – Musik auswählen

Es ist soweit: Es klingelt und Sie können entspannt die Tür öffnen!

Weihnachten und seine Gerüche, Lichter und Farben sind einmalig. Wer diese dunkle, geheimnisvolle Zeit wieder wie ein Kind zu genießen lernt, versteht etwas von Lebensfreude und Lebensqualität. Zu den Ritualen, die die Festtage seit eh und je begleiten, gehören auch ausgiebiges Essen, Naschen und Schlemmen. Lassen Sie sich von diesen Genüssen nicht abbringen, auch wenn Sie eigentlich gerade versuchen abzunehmen. Alles hat schließlich seine Zeit, und nach Weihnachten können Sie ja wieder auf die Linie achten. Machen Sie aus der Weihnachtszeit ein Fest der Sinne und der kleinen und großen Freuden. Eins ist sowieso klar: Für's Abnehmen ist die Zeit zwischen Neujahr und Weihnachten wichtiger als die Zeit zwischen Weihnachten und Neujahr! Lassen Sie sich von den Rezepten dieses Buches inspirieren und genießen Sie die Weihnachtszeit mit allen Sinnen.

Viel Vergnügen!

Vorspeisen und Snacks

Luftgetrockneter Schinken mit Aioli

5 Knoblauchzehen
3 Eigelbe
1 El scharfer Senf
1/2 Tl Salz
weißer Pfeffer aus der Mühle
250 ml Olivenöl
1/2 El Zitronensaft
400 g luftgetrockneter Schinken in hauchdünnen Scheiben

Die Knoblauchzehen schälen und durch die Knoblauchpresse drücken. Mit Eigelben, Senf, Salz und Pfeffer in einer großen Schüssel schaumig rühren. Das Öl zunächst tropfenweise, später in größeren Dosen unter ständigem Rühren zufügen. Jede Ölzugabe muss völlig von der Sauce aufgenommen werden, bevor weiteres Öl hineingerührt wird. Zum Schluss wird der Zitronensaft untergeschlagen. Wichtig bei der Herstellung: Alle Zutaten müssen Zimmertemperatur haben.

Den Schinken dekorativ auf Tellern anrichten und die Aioli dazureichen. Aioli sollte immer nur frisch zubereitet werden und braucht keine Ruhezeit, sie wird mit der Zeit eher schärfer.

Für 4 Portionen
Zubereitungszeit: ca. 20 Minuten
Pro Portion: ca. 711 kcal/2986 kJ, 22 g E, 69 g F, 2 g KH

Unser Variationstipp:

Es gibt auch eine sogenannte weiße Aioli, die mit Milch statt Eigelb zubereitet wird. Verwenden Sie anstelle der 3 Eigelbe 100 ml zimmerwarme Vollmilch. Die Milch und die Knoblauchstücke werden mit dem Salz in ein hohes Rührgefäß gegeben und mit dem Zauberstab püriert. Nach und nach gießt man kleinste Mengen Öl zu der Milch und mixt ununterbrochen weiter. Die Masse bleibt ziemlich lange flüssig, aber nach einiger Zeit wird die Masse cremig. Sobald die Creme die richtige Konsistenz erreicht hat, ist sie fertig. Anschließend mit Senf, Zitrone und Pfeffer nach Belieben abschmecken.

Möhrensalat mit Orangen-vinaigrette

500 g Möhren
2 Fenchelknollen
3 Römersalatherzen
100 g gekochter Schinken
1 unbehandelte Orange
3–4 El weißer Aceto balsamico
1 Tl Arganöl (aus dem Bioladen)
1 El Ahornsirup oder Honig
Salz, Pfeffer
2–3 El Olivenöl

Möhren schälen, waschen, putzen und auf einem Gemüsehobel in lange Streifen raspeln. Fenchel putzen, waschen, den Strunk herausschneiden und das Grün beiseitelegen. Anschließend den Fenchel ebenfalls in dünne Scheiben hobeln. Salat putzen, waschen und trocken schleudern. Einige größere Blätter beiseitelegen und den Rest in breite Streifen schneiden.

Schinken in Stücke schneiden. Orange waschen, trocken reiben, die Schale fein abreiben und den Saft auspressen. Fenchelgrün fein schneiden. Essig, Arganöl, Orangensaft und -schale, Ahornsirup, Fenchelgrün, Salz und Pfeffer verrühren. Olivenöl kräftig darunterschlagen.

Vorbereitete Salatzutaten und Vinaigrette mischen. Salatblätter auf vier Teller verteilen und die Möhrenmischung daraufgeben.

Für 4 Portionen
Zubereitungszeit: ca. 25 Minuten
Pro Portion: ca. 160 kcal/672 kJ, 10 g E, 7 g F, 14 g KH

Friséesalat mit Ziegenkäse-croûtons

1 Kopf Friséesalat
1 Bund Rucola
50 g gemischte Sprossen
1 große Zitrone
1 Tl Senf (z. B. Dijonsenf)
Salz, Pfeffer
2–3 Tl flüssiger Honig
ca. 5 El Walnussöl
8 kleine, runde Ziegenkäse
16 Scheiben Baguette
roter Pfeffer, grob gehackt

Salat und Rucola waschen, trocken schütteln und putzen, dabei die bitteren, äußeren Blätter des Friséesalats entfernen und alles in mundgerechte Stücke zupfen. Sprossen verlesen, waschen und abtropfen lassen.

Backofen auf 200 °C (Umluft 180 °C) vorheizen. Zitrone auspressen und den Saft mit Senf, Salz, Pfeffer und 1 Tl Honig mischen. 4 El Walnussöl darunterschlagen.

Ziegenkäse längs halbieren, mit etwas Öl beträufeln. Baguettescheiben dünn mit dem übrigen Öl bepinseln und im Ofen 2–3 Minuten rösten. Den Käse auf die gerösteten Baguettescheiben legen, im Ofen 2–3 Minuten überbacken.

Salat mit dem Dressing mischen, auf Teller verteilen. Je 4 Käsebaguettes darauflegen und den Käse mit dem Rest Honig beträufeln. Mit grobem Pfeffer bestreuen und sofort servieren. Probieren Sie dazu Roséwein aus der Provence.

Für 4 Portionen
Zubereitungszeit: ca. 25 Minuten
Pro Portion: ca. 505 kcal/2121 kJ, 21 g E, 31 g F, 36 g KH

Graved Lachs

1 Seite frisches Lachsfilet mit Haut (ca. 450 g)
1 1/2 El weiße Pfefferkörner
20 g Meersalz
40 g Zucker
2 Bund Dill
1 1/2 El flüssiger Honig
3 El mittelscharfer Senf
evtl. 1/2 Tl Senfpulver
1 1/2 El Weißweinessig
50 ml Sonnenblumenöl

Das Lachsfilet kalt abspülen und trocken tupfen. Restliche Gräten, falls vorhanden, mit einer Pinzette herausziehen. Pfefferkörner im Mörser grob zerstoßen. Mit Salz und Zucker mischen.

1/2 Bund Dill für die Sauce aufbewahren. Den Rest waschen, trocken schütteln und fein schneiden.

Lachs mit der Hautseite nach unten auf Frischhaltefolie legen. Erst mit der Gewürzmischung und dann mit Dill bestreuen. Das Lachsfilet fest in Folie wickeln, sodass die Beize nicht auslaufen kann. Anschließend auf eine große Platte legen.

Auf den Lachs 1 Brett legen und dieses gleichmäßig mit Gewichten – z. B. vollen Konservendosen – beschweren, damit die Gewürze besser in das Lachsfleisch einziehen können. 2–3 Tage im Kühlschrank ziehen lassen. Den Fisch 2–3-mal wenden, damit sich die Beize gut verteilt.

Für die Sauce Honig, Senf, Senfpulver und Essig verrühren. Öl darunterschlagen. Den restlichen Dill waschen, trocken schütteln, fein schneiden und unterrühren. Lachs aus der Folie nehmen und die überschüssige Beize entfernen.

Lachs auf die Hautseite legen und portionsweise mit einem scharfen, langen Messer (von der Schwanzseite her) in schrägen, dünnen Scheiben von der Haut schneiden. Mit der Honig-Senfsauce servieren. Dazu passen Pellkartoffeln oder Schwarzbrot.

Für 5 Portionen
Zubereitungszeit: ca. 30 Minuten (plus Zeit zum Ziehen)
Pro Portion: ca. 460 kcal/1932 kJ, 31 g E, 31 g F, 12 g KH

Stern-Ravioli mit Nordsee-krabben

400 g Mehl
4 Eier + 6 Eigelbe
Salz
200 g Nordseekrabben
1 Bund Dill
1/2 Bund Petersilie
150 g Doppelrahm-Frischkäse
Pfeffer
4 El Sahne
6–8 El Butter
Mehl für die Arbeitsfläche

Am Vortag: Mehl mit den ganzen Eiern, 2 Eigelben und 1 Prise Salz erst mit den Knethaken und dann mit den Händen ca. 10 Minuten zu einem glatten Teig verkneten. In Folie wickeln, 1 Stunde ruhen lassen. Inzwischen die Krabben kalt abbrausen und trocken tupfen. Die Hälfte der Krabben fein hacken. Dill und Petersilie abbrausen, trocken schütteln, etwas Dill zum Garnieren beiseitelegen. Übrige Kräuter hacken. Käse und 2 Eigelbe verrühren, gehackte Kräuter und zerkleinerte Krabben unterrühren, salzen und pfeffern.

Teig mit dem Nudelholz oder einer Nudelmaschine auf einer bemehlten Arbeitsfläche dünn ausrollen. Längs halbieren. Auf einer Hälfte mit einem Teelöffel alle 5 cm kleine Häufchen der Füllung setzen. Übriges Eigelb mit Sahne verrühren, Teig um die Füllung herum damit bestreichen. Zweite Teighälfte darüberlegen und gut andrücken. Die Nudeln mit Sternausstechern ausstechen. Nudeln leicht mit Mehl bestäuben, zugedeckt kalt stellen.

Kurz vor dem Servieren: Nudeln in reichlich siedendem Salzwasser ca. 5 Minuten garen lassen. Butter erhitzen, bis sie leicht gebräunt ist. Übrige Krabben darin erwärmen. Nudeln anrichten, die Butter und die Krabben darübergeben, mit Dill garniert servieren.

Für 4 Portionen
Zubereitungszeit: ca. 40 Minuten (plus Ruhe- und Garzeit)
Pro Portion: ca. 688 kcal/2890 kJ, 32 g E, 29 g F, 73 g KH

Geräucherte Gänsebrust mit Apfelkompott

200 ml Apfelsaft
2 El Zitronensaft
1 El mittelscharfer Senf
1 ½ El Honig
250 g Äpfel, gewürfelt
Salz, Pfeffer
1 El Thymianblättchen
50 g Walnüsse
10 g Zucker
10 g Butter
1 Friséesalat
1 Radicchio
2 Chicorée
4 El Himbeeressig
8 El Öl (z. B. Walnussöl)
1 Bund glatte Petersilie
300 g geräucherte Gänsebrust (oder Entenbrust), in Scheiben geschnitten

Für das Apfelkompott den Apfelsaft, Zitronensaft, Senf und Honig miteinander verrühren, in einen Topf geben und aufkochen. Flüssigkeit auf ⅛ l einkochen lassen. Apfelwürfel zugeben und 3 Minuten leise mitkochen lassen. Salzen, pfeffern und die Hälfte des Thymians zugeben. Erkalten lassen.

Walnüsse vierteln. Zucker in einer Pfanne schmelzen, Butter darin aufschäumen, Nüsse zugeben, restliche Thymianblättchen dazugeben. Leicht salzen und erkalten lassen. Salate waschen, trocken schleudern, putzen und in mundgerechte Stücke zupfen.

Aus Himbeeressig, Öl und ca. 6 El Wasser eine Vinaigrette anrühren und zum Schluss die gewaschene, trocken getupfte und klein gehackte Petersilie untermischen. Vinaigrette mit dem Salat vermischen und auf Teller verteilen.

Gänsebrust und Apfelkompott abwechselnd auf Tellern zu kleinen Türmchen aufschichten und mit dem Walnusskrokant dekorativ neben den Salat setzen.

Für 6 Portionen
Zubereitungszeit: ca. 30 Minuten (plus Kochzeit)
Pro Portion: ca. 332 kcal/1394 kJ, 13 g E, 24 g F, 15 g KH

Artischocken mit Kräuter-Eier-Vinaigrette

4 große Artischocken
Zitronensaft oder Essig
1 kleine Möhre
2 Sardellenfilets
1 kleines Glas Kapern
2 hart gekochte Eier
1 Bund Schnittlauch
1 Bund glatte Petersilie
6 El Weißweinessig
1 El körniger Senf
12 El Distelöl
Salz, Pfeffer aus der Mühle

Die Artischocken unter fließendem Wasser gründlich abspülen. Die untersten Blätter entfernen und den Stiel möglichst kurz abschneiden. Die oberen Spitzen – rund ein Drittel der Artischocke – mit einem schweren scharfen Messer abschneiden, dadurch wird der Kochvorgang verkürzt. In mit etwas Zitronensaft oder Essig gewürztem Wasser ca. 25 Minuten garen.

Möhre waschen, putzen, schälen und raspeln. Sardellen und Kapern abtropfen lassen. Eier, Sardellen und Kapern fein würfeln. Schnittlauch und Petersilie waschen, trocken schütteln. Schnittlauch in Röllchen schneiden, Petersilie fein hacken und alles mit Essig, Senf, Öl, Salz und Pfeffer gut verrühren.

Artischocken nach Ende der Garzeit (Garprobe: ein Blatt abzupfen, löst es sich leicht, ist die Artischocke gar) aus dem Wasser nehmen und umgedreht auf ein Tuch oder Sieb zum Abtropfen legen. Anschließend auf Tellern anrichten und die Vinaigrette separat dazu servieren.

Für 4 Portionen
Zubereitungszeit: ca. 15 Minuten (plus Kochzeit)
Pro Portion: ca. 293 kcal/1231 kJ, 1 g E, 31 g F, 3 g KH

Unser Verzehr-Tipp:

Suchen Sie beim Einkauf möglichst gleich große, gut faustdicke (am besten bretonische) Artischocken aus. Sie sollten am Stiel nicht ausgetrocknet sein und auch an den Blattspitzen noch frisch aussehen. Artischocken werden mit den Fingern gegessen: Ein Blättchen abzupfen und den hellen, inneren, dicken Teil in die Sauce tauchen. Das Blättchen im wahrsten Sinn des Wortes durch die Zähne ziehen und den Rest auf den Tellerrand oder in ein Schälchen legen. Wenn alle Blätter auf diese Art »abgegessen« sind, das sogenannte Heu vom Boden entfernen. Den Boden dann mit Messer und Gabel verspeisen. Jeden Bissen vorher in die Sauce tauchen.

Achtung: Verwenden Sie keinen Aluminiumtopf, sonst werden die Artischocken schwarz und unansehnlich.

Französische Möhren-Kürbissuppe

1 große Kartoffel (mehlig kochend)
400 g Hokkaido-Kürbis
200 g Möhren
3 Schalotten
2 Knoblauchzehen
2 El Olivenöl
2–3 El Pastis
600 ml Brühe (Instant)
2 Zweige Thymian
je 1 Zweig Oregano, Rosmarin, Estragon
Salz, Pfeffer
ca. 2 El Zitronensaft
etwas abgeriebene Zitronenschale von einer unbehandelten Zitrone
150 g Crème fraîche

Kartoffel schälen und waschen. Kürbis waschen, halbieren und die Kerne mit Fasern herauslöffeln. Möhren waschen und schälen. Die Schalotten und den Knoblauch schälen. Alle Zutaten klein würfeln. Öl in einem großen Topf erhitzen, Schalotten und Knoblauch darin kurz andünsten. Kartoffel, Möhren und Kürbis zugeben (beim Hokkaido-Kürbis kann die Schale mitgegessen werden). Mit Pastis ablöschen und mit Brühe auffüllen. Kräuterzweige waschen und trocken schütteln, einen Zweig Thymian für die Dekoration beiseitelegen, die restlichen Kräuter dazugeben. Alles ca. 15 Minuten bei kleiner Hitze köcheln lassen.

Kräuterzweige entfernen, Suppe pürieren und mit Salz, Pfeffer, Zitronensaft und -schale abschmecken. 100 g Crème fraîche einrühren. Suppe in Schälchen verteilen, jeweils mit einem Klecks Crème fraîche garnieren und mit Thymian bestreuen. Dazu schmeckt Baguette.

Für 4 Portionen
Zubereitungszeit: ca. 20 Minuten (plus Kochzeit)
Pro Portion: ca. 250 kcal/1050 kJ, 4 g E, 19 g F, 15 g KH

Bunter Salat mit Kürbis

3 El geschälte Kürbiskerne
3–4 Schalotten
6 El Olivenöl
7–8 El Weißweinessig
3 El flüssiger Honig oder Ahornsirup
2 El Kürbiskernöl
Salz, Pfeffer
1 kleiner Hokkaido-Kürbis (ca. 650 g)
1 kleines Bund Rucola
200 g gemischter Salat
(z. B. Radicchio, Romanaherzen)

Kürbiskerne in einer Pfanne ohne Fett rösten und beiseitestellen. Schalotten schälen und in Spalten schneiden. 3 El Olivenöl in einer Pfanne erhitzen, Schalotten andünsten. Essig und Honig zufügen und 5 Minuten köcheln lassen. Zum Schluss mit dem Kürbiskernöl vermischen. Salzen, pfeffern und zugedeckt kalt stellen.

50 Minuten vor dem Servieren: Ofen auf 175 °C (Umluft 155 °C) vorheizen. Kürbis waschen, putzen, samt der Schale in schmale Spalten teilen und entkernen. Mit dem restlichen Olivenöl vermischen, salzen, pfeffern und auf einem Backblech verteilen. Blech in den Ofen schieben und den Kürbis ca. 45 Minuten backen.

Den Rucola und die Salate putzen, waschen, trocken schütteln und in mundgerechte Stücke zupfen. Den heißen Kürbis mit dem Dressing mischen, die Salatmischung und die Kürbisschnitze mit dem Dressing auf Tellern anrichten, die Kürbiskerne darüberstreuen und servieren.

Für 4 Portionen
Zubereitungszeit: ca. 20 Minuten (plus Garzeit)
Pro Portion: ca. 302 kcal/1268 kJ, 3 g E, 23 g F, 20 g KH

Terrine mit Maronen

400 g Maronen, blanchiert
Salz
100 g Brokkoli
100 g Möhren, gewürfelt
100 g Paprikaschoten, gewürfelt, rot oder gelb
2 Bund glatte Petersilie
2 Zweige frischer Thymian
4 Eier
250 g Quark
100 g Vollkornbrot vom Vortag, gerieben
200 g Käse, gerieben, nach Belieben
Kräutersalz, Pfeffer
2 TL Paprikapulver
Olivenöl zum Beträufeln
Fett für die Form

Maronen in wenig gesalzenem Wasser weich garen, abgießen und mit der Gabel zerdrücken. Den Brokkoli waschen, putzen, zerkleinern und mit dem restlichen Gemüse ebenfalls in wenig gesalzenem Wasser bissfest garen. Petersilie waschen, trocken schütteln und die Blättchen fein hacken. Thymian waschen, trocken schütteln und die Blättchen abzupfen. Eier aufschlagen und mit dem Quark vermischen.

Anschließend Maronen, Gemüse, Eier-Quark, Brot, Kräuter und Käse in einer Schüssel gut vermengen und mit Kräutersalz, Pfeffer und Paprikapulver würzen. In eine gefettete Terrine füllen und glatt streichen.

Die Terrine in einen Bräter stellen, den Bräter zu 3/4 mit Wasser füllen, bei 180 °C ca. 1 Stunde backen.

Die Terrine kann warm oder kalt verzehrt werden. Nach Belieben mit einigen Tropfen besten Olivenöls beträufelt servieren.

Für 4 Portionen
Zubereitungszeit: ca. 30 Minuten (plus Backzeit)
Pro Portion: ca. 592 kcal/2486 kJ, 34 g E, 26 g F, 52 g KH

Unser Küchen-Tipp:

Falls Sie frische Maronen verwenden: Ritzen Sie die Maronenschale kreuzweise ein und verletzen Sie dabei möglichst nicht den Kern. Anschließend die Maronen in kaltem Wasser aufsetzen und ab dem Siedepunkt des Wassers 4 Minuten lang blanchieren. Die Maronen haben dann eine Konsistenz, die zur Weiterverarbeitung richtig ist. Wenn Sie allerdings Püree herstellen möchten, sollten die Maronen so lange gegart werden, bis sie fast zerfallen. Übrigens: Maronen können nach dem Blanchieren oder als Püree sehr gut eingefroren werden – am besten ganz pur, ohne Süße und ohne Gewürze.

Schaumsüppchen mit Steinpilzen und Parmesan

30 g frische oder getrocknete Steinpilze
4 Schalotten
30 g Butter
30 g Mehl
250 ml trockener Weißwein
250 ml Schlagsahne
40 g Parmesan
1 Bund Schnittlauch
Salz, frisch gemahlener Pfeffer

Frische Steinpilze feucht abreiben, putzen, trocken tupfen. Getrocknete Steinpilze in 600 ml heißem Wasser mindestens 30 Minuten einweichen. Schalotten schälen und fein würfeln. Eingeweichte Steinpilze in einem Sieb abtropfen lassen. Einweichwasser dabei auffangen.

Bei der Verwendung von frischen Steinpilzen:
Butter erhitzen. Frische Steinpilze in Scheiben schneiden und darin anbraten, Schalotten dazugeben und weiter dünsten, bis sie glasig sind. Mit Mehl bestäuben, kurz anschwitzen. Wein, 500 ml Wasser und Sahne unter Rühren zugießen. Aufkochen und ca. 10 Minuten köcheln lassen.

Bei der Verwendung von getrockneten Steinpilzen:
Butter erhitzen. Schalotten darin glasig dünsten. Mit Mehl bestäuben, kurz anschwitzen. Wein, Einweichwasser und Sahne unter Rühren zugießen, Pilze dazugeben. Aufkochen und ca. 10 Minuten köcheln lassen.

Parmesan fein raspeln. Schnittlauch waschen, trocken schütteln und in kurze Röllchen schneiden. Die Suppe mit Salz und Pfeffer abschmecken. Die meisten Pilze herausheben. Suppe kurz vor dem Servieren mit dem Stabmixer sehr schaumig aufschlagen. Pilze wieder dazugeben. Sofort anrichten und mit Schnittlauch und Parmesan bestreuen.

Für 6 Portionen
Zubereitungszeit: ca. 30 Minuten (plus Einweich- und Kochzeit)
Pro Portion: ca. 240 kcal/1008 kJ, 5 g E, 19 g F, 6 g KH

Unser Feinschmecker-Tipp:

Schlagen Sie die Hälfte der Sahne steif und ziehen Sie sie erst nach dem Pürieren vorsichtig mit einem Kochlöffel unter die Suppe. Die Konsistenz wird auf diese Weise noch schaumiger und cremiger.

Rehfilet mit Entenleberpastete

250 g Rehrückenfilet
2 El Öl
Salz, Pfeffer
3–4 Salatblätter
5 dünne Scheiben Nussbrot
6 El Preiselbeeren (aus dem Glas)
150 g Entenleberpastete
1 kleiner Zweig Rosmarin

Rehfilet waschen, trocken tupfen und im heißen Öl von jeder Seite ca. 5 Minuten braten. Mit Salz und Pfeffer würzen und abkühlen lassen. Anschließend in 10 Scheiben schneiden.

Salat putzen, waschen, trocken schütteln und in kleine Stücke zupfen. Brotscheiben diagonal halbieren und mit 5 Esslöffeln Preiselbeeren bestreichen. Mit Salat und Filet belegen. Die Leberpastete würfeln, daraufsetzen und mit dem Rest Preiselbeeren und etwas Rosmarin garnieren.

Für 10 Stück
Zubereitungszeit: ca. 20 Minuten (plus Bratzeit)
Pro Stück: ca. 132 kcal/554 kJ, E 9 g, F 5 g, KH 11 g

Saté-Spießchen mit Brokkolisalat

5 Hähnchenfilets (à ca. 150 g)
4 Stängel Zitronenmelisse
3 El Limettensaft
2 El Sesamöl
weißer Pfeffer
175 g Sesam
2 kg Brokkoli
4 El ÖL
Salz
250 g Salatmayonnaise
3–4 El Sojasauce
15–20 Holzspieße (ca. 30 Minuten in kaltem Wasser eingelegt)

Hähnchenfilets waschen, trocken tupfen und jeweils der Länge nach in schmale Streifen schneiden. Zitronenmelisse waschen, trocken schütteln und Blättchen abzupfen. Mit Limettensaft, Sesamöl und Pfeffer verrühren. Fleisch in eine flache Schale legen und mit der Marinade beträufeln. Ca. 20 Minuten ziehen lassen. Sesam in einer Pfanne ohne Fett rösten, dann herausnehmen. Jeweils einen Fleischstreifen leicht gewellt auf einen gewässerten Holzspieß stecken.

Brokkoli waschen, putzen und in kleine Röschen teilen. 2 El Öl in einer Pfanne mit Deckel erhitzen. Brokkoli darin in 2–3 Portionen unter Wenden ca. 5 Minuten anbraten. Gesamten Brokkoli und ca. 100 ml leicht gesalzenes Wasser in die Pfanne geben, aufkochen und zugedeckt 3–4 Minuten bissfest garen, dann abschmecken.

Sesam (bis auf 1 Esslöffel), Mayonnaise und Sojasauce mit dem Stabmixer kurz pürieren. Brokkoli abtropfen lassen. Mit der Sesamsauce mischen. Spieße aus der Marinade nehmen und trocken tupfen. 2 El Öl in einer Pfanne erhitzen. Spieße darin von jeder Seite 3–4 Minuten braten. Fertige Spieße mit dem Brokkolisalat anrichten und mit dem restlichen Sesam bestreut servieren.

Für 7 Portionen
Zubereitungszeit: ca. 30 Minuten (plus Zeit zum Wässern, Marinieren und Garen)
Pro Portion: ca. 490 kcal/2058 kJ, 29 g E, 36 g F, 10 g KH

Würziges Gemüse-Carpaccio

1 Möhre
1 kleine Pastinake (oder Petersilienwurzel)
Salz
1 Rote Bete
½ Zucchini
½ Salatgurke
Pfeffer
je ½ Bund Koriander und Basilikum
1 Knoblauchzehe
250 ml Olivenöl
100 g Parmesan (Stück)
Saft von 1 Zitrone

Möhre und Pastinake waschen, schälen und putzen. Beides in kochendem Salzwasser 3–4 Minuten blanchieren. Rote Bete waschen und in Wasser weich kochen, anschließend abschrecken und schälen. Zucchini und Gurke putzen, waschen und trocken tupfen. Sämtliche Gemüsesorten in sehr dünne Scheiben schneiden oder hobeln. Auf 4 Tellern anrichten. Mit Salz und Pfeffer würzen.

Kräuter waschen, trocken schütteln und die Blättchen abzupfen. Knoblauch schälen, 200 ml Öl dazugeben und alles mit dem Zauberstab fein hacken. Anschließend mit Salz und Pfeffer abschmecken und das so entstandene Pesto auf den Gemüsetellern verteilen.

Parmesan fein hobeln oder reiben. Eine Pfanne ohne Fett erhitzen und nacheinander in 4 Portionen Parmesan hineinstreuen. Braten, bis alles geschmolzen ist. Herausnehmen, auf Küchenpapier trocknen lassen und in mundgerechten Stücken über dem Carpaccio verteilen. Mit Zitronensaft und restlichem Olivenöl beträufeln.

Für 4 Portionen
Zubereitungszeit: ca. 20 Minuten (plus Bratzeit)
Pro Portion: ca. 710 kcal/2982 kJ, 11 g E, 69 g F, 5 g KH

Unser Haushaltstipp:

Man kann die Rote Bete oft auch schon gegart und vakuumverpackt im Supermarkt bekommen. Frische Rote Bete färben sehr stark, die roten Flecken an den Händen können aber leicht mit Zitronensaft entfernt werden. Hat die Kleidung ein paar Spritzer abbekommen, sollten Sie die Flecken sofort mit Seife in heißem Wasser auswaschen. Der Farbstoff ist nicht sehr hitzestabil und löst sich dann leicht aus dem Gewebe.

Gefüllte Lachsröllchen

- 100 g Magerquark
- Salz, Pfeffer
- 2 El frisch geriebener Meerrettich
- etwas Milch oder Sahne
- 1 Bund Dill
- 1 Salatgurke
- einige Blätter Eichblattsalat
- 8 Scheiben geräucherter Lachs
- 4 El Kaviar (Forellenkaviar)
- Limettenscheiben zum Garnieren

Quark mit Salz und Pfeffer würzen und mit dem Meerrettich und etwas Milch oder Sahne zu einer gleichmäßigen Creme rühren. Den Dill waschen, trocken schütteln und bis auf ein paar Zweige zum Garnieren fein hacken. Gehackten Dill unterrühren.

Die Gurke putzen und schälen. Ein Drittel davon in dünne Streifen schneiden, restliche Gurke schräg in Scheiben schneiden. Eichblattsalat waschen, trocken schleudern und in längliche Streifen schneiden.

Die Lachsscheiben halbieren und mit Meerrettichquark bestreichen. Eichblattstreifen und Gurkenstreifen darauf verteilen und aufrollen. Röllchen auf den Gurkenscheiben anrichten. Forellenkaviar darauf verteilen. Nach Belieben mit Limettenscheiben und Dill garniert servieren.

Für 4 Portionen
Zubereitungszeit: ca. 20 Minuten
Pro Portion: ca. 157 kcal/659 kJ, 20 g E, 7 g F, 4 g KH

Ananas-Geflügel-Salat

500 g Reste von der Weihnachtsente oder -gans

½ frische Ananas oder 1 Dose gewürfelte Ananas (400 g)

4 El Mayonnaise

1 Prise Salz

zerstoßener roter Pfeffer

1 Tl Currypulver

½ geriebener Apfel

100 g Walnüsse

Fleisch vom Knochen lösen, falls nötig enthäuten und in feine Würfel schneiden oder in Streifen reißen. Die halbe Ananas schälen und in Stücke schneiden oder eine Dose Ananas abtropfen lassen, klein schneiden und die Stücke zum Geflügelfleisch geben. Mayonnaise, Salz, roten Pfeffer, das Currypulver und den geriebenen Apfel dazugeben. Unterrühren und mit Walnüssen dekoriert servieren.

Für 4 Portionen
Zubereitungszeit: ca. 15 Minuten
Pro Portion: ca. 340 kcal/1428 kJ, 4 g E, 28 g F, 17 g KH

Pastis-Garnelen mit Fenchel

600 g frische (oder TK-) Garnelen ohne Kopf mit Schwanz
3 Fenchelknollen
5 Schalotten
1 El + 150 g eiskalte Butter
Salz, Pfeffer
2 El Öl
5 El Pastis
150 ml Fischfond (Glas)

Garnelen längs einschneiden und den Darm entfernen. Die Garnelen gründlich abspülen und trocken tupfen. Fenchel waschen und putzen, das Grün fein hacken und beiseitelegen. Den Fenchel selbst in dünne Scheiben schneiden. Schalotten schälen und fein würfeln.

1 El Butter in einer Pfanne erhitzen und den Fenchel mit der Hälfte der Scharlotten darin anbraten. 5–6 El Wasser zufügen und zugedeckt 8–10 Minuten dünsten. Mit Salz und Pfeffer abschmecken.

Inzwischen Öl in einer zweiten Pfanne erhitzen. Garnelen und die übrigen Schalotten darin 2–3 Minuten braten, dabei häufiger wenden. Mit Salz und Pfeffer würzen, herausnehmen und zugedeckt warm stellen.

Bratensatz mit Pastis und Fischfond ablöschen. Bei starker Hitze auf die Hälfte einkochen, anschließend die Temperatur herunterschalten. Die kalte Butter in Stücke schneiden. Bei schwacher Hitze nach und nach mit dem Schneebesen unter die heiße, aber nicht mehr kochende Sauce rühren, bis sie leicht sämig wird. Abschmecken, alles anrichten und das Fenchelgrün darüberstreuen. Dazu schmecken Ofenkartoffeln.

Für 4 Portionen
Zubereitungszeit: ca. 20 Minuten (plus Kochzeit)
Pro Portion: ca. 570 kcal/2394 kJ, 30 g E, 39 g F, 8 g KH

Unser Küchen-Lexikon:

Das Schlagen kalter Butter unter eingekochten Fond nennt man unter Profiköchen „Montieren". Ziel: Der vorher flüssige Fond erhält Bindung. Beim Montieren sollte der Fond heiß sein, aber nicht mehr kochen. Eine weitere Methode mit ähnlichem Effekt ist die Bindung mit Mehlbutter. Diese Methode ist besonders geeignet für kleinere Mengen von Sauce. Mehl und Butter werden hierbei zu gleichen Teilen miteinander verknetet und kommen anschließend in kleinen Stückchen in die Sauce. Die Sauce muss währenddessen kurze Zeit köcheln.

Henry

Einfache Hauptgerichte

Würstchen mit Kartoffelsalat

1 kg fest kochende Kartoffeln
Salz
4 Zwiebeln
3 El Öl
6 El Weißweinessig
1 Tl Gemüsebrühe (Instant)
Pfeffer
1 Bund Suppengrün
1 Pastinake
1 Lorbeerblatt
5 Pfefferkörner
1 Scheibe Rauchfleisch
8 schlesische Weißwürste
2–3 Frühlingszwiebeln
1/2 Bund Petersilie
Honigsenf nach Belieben

Kartoffeln putzen, waschen und in leicht gesalzenem Wasser im geschlossenen Topf ca. 20 Minuten garen. Abschrecken, pellen und auskühlen lassen. Anschließend die Kartoffeln in Scheiben schneiden.

Die Zwiebeln schälen und fein würfeln. 3 El Öl erhitzen und die Hälfte der Zwiebelwürfel darin andünsten. 200 ml Wasser mit Essig und Brühe zugeben, aufkochen und 1–2 Minuten köcheln lassen. Mit Salz und Pfeffer kräftig würzen. Die heiße Marinade über die Kartoffeln gießen und vorsichtig mischen. Zugedeckt mindestens eine Stunde ziehen lassen.

Für die Wurstbrühe Suppengrün und Pastinake waschen, putzen und grob zerkleinern. 1,5 l Wasser mit dem Lorbeerblatt, Pfefferkörnern, Rauchfleisch, Suppengrün, Pastinake und restlichen Zwiebelwürfeln aufkochen und 30 Minuten leise köcheln lassen. Das Gemüse mit einem Schaumlöffel aus der Brühe nehmen und die Temperatur reduzieren. Anschließend die Würste 15–20 Minuten in der Brühe ziehen lassen.

Zum Schluss die Frühlingszwiebeln und die Petersilie putzen und waschen. Frühlingszwiebeln in Ringe schneiden, Petersilienblättchen hacken und unter den Kartoffelsalat heben. Mit Salz und Pfeffer abschmecken. Mit den Würstchen anrichten. Nach Belieben Honigsenf dazu reichen.

Für 4 Portionen
Zubereitungszeit: ca. 20 Minuten (plus Ruhe- und Garzeit)
Pro Portion: ca. 606 kcal/2545 kJ, 23 g E, 39 g F, 38 g KH

Hüftsteak Stroganoff

400 g Champignons
2 mittelgroße Gewürzgurken
4 Rinderhüftsteaks (à 200 g)
Salz, Pfeffer
2 El Sonnenblumenöl
2 Zwiebeln
50 g Butter
4 El Weinbrand
300 ml Sahne
4 El Ketchup
2 Tl mittelscharfer Senf
1 Tl roter Pfeffer nach Belieben

Champignons putzen und vierteln. Gewürzgurken fein würfeln. Die Rinderhüftsteaks salzen und pfeffern. Das Öl in einer Pfanne erhitzen, die Steaks darin von beiden Seiten 3–4 Minuten bei starker Hitze anbraten, herausnehmen und warm halten.

Die Zwiebeln schälen und fein hacken. Butter in einer Pfanne zerlassen und die Champignons mit den Zwiebelwürfeln darin braten. Mit dem Weinbrand ablöschen, die Sahne dazugießen und 1 Minute offen köcheln lassen. Anschließend Gurkenwürfel, Ketchup und Senf unterrühren, nochmals kurz köcheln lassen, nach Geschmack salzen, pfeffern und nach Belieben mit rotem Pfeffer bestreuen. Steaks mit der Sauce servieren. Dazu passen Pommes frites.

Für 4 Portionen
Zubereitungszeit: ca. 25 Minuten (plus Brat- und Kochzeit)
Pro Portion: ca. 648 kcal/2722 kJ, 46 g E, 47 g F, 8 g KH

Zarter Schnitzelbraten mit Riesenbohnen

1 kg Schweineschnitzelbraten
4 Knoblauchzehen
Salz, Pfeffer
1 rote Chilischote
2 kleine Rosmarinzweige
4 Stiele Basilikum
2 Stiele Bohnenkraut
2 Stiele Oregano
4 Thymianzweige
2 Lorbeerblätter
2 Dosen weiße Riesenbohnen (à 425 g)

Schnitzelbraten waschen und trocken tupfen. Die Knoblauchzehen schälen und 2 Knoblauchzehen durch die Presse drücken. Den Braten damit einreiben und kräftig mit Salz und Pfeffer würzen. Chilischote waschen und trocken tupfen, aufschneiden, Kerne entfernen und die Schote längs in dünne Streifen schneiden. Die Kräuter waschen und trocken schütteln. Kräuterstiele, Lorbeerblätter und Chilistreifen mit Küchengarn rings um den Braten herum festbinden. Die Bohnen abspülen und abtropfen lassen.

Den Backofen auf 175 °C (Umluft 155 °C) vorheizen. Ein passendes Stück Bratschlauch abschneiden (das Stück sollte etwa 20 cm länger sein als der Braten). Den Schlauch an einem Ende fest zusammendrehen und mit einem Folienverschlussstreifen zubinden. Schlauch mit der Schweißnaht nach oben auf ein Blech legen. Bohnen, 2 Knoblauchzehen, Braten und 125 ml Wasser hineingeben. Das andere Schlauchende ebenfalls zubinden.

Den Bratschlauch oben in der Mitte mit einer Gabel einpieksen. Das Blech in den Ofen schieben und darauf achten, dass der Schlauch die Backofenwände nicht berührt. Den Schnitzelbraten ca. 1 Stunde garen. Anschließend das Blech herausnehmen und den Bratschlauch oben aufschneiden.

Braten herausheben und die Bohnen mit dem Sud in eine Schüssel füllen. Mit Salz und Pfeffer abschmecken. Dazu schmeckt Kartoffelpüree.

Für 5–6 Portionen
Zubereitungszeit: ca. 30 Minuten (plus Garzeit)
Pro Portion: ca. 270 kcal/1134 kJ, 39 g E, 9 g F, 6 g KH

Unser Küchen-Tipp:

Probieren Sie einmal, den Knoblauch ungeschält durch die Presse zu drücken: Der Knoblauch lässt sich zwar etwas schwerer herausdrücken, aber die Reinigung der Knoblauchpresse im Anschluss ist umso leichter, denn die Reste lassen sich zusammen mit der Schale viel schneller entfernen.
Übrigens: Durch das Einstechen des Bratschlauchs wird das Platzen der Folie verhindert, der Bratendampf zieht ab und das Bratgut bräunt besser.

Raclette-Variationen

mit Frühlingszwiebeln:
750 g gegarte Pellkartoffeln
1/2 Bund Frühlingszwiebeln
8 Scheiben Wacholderschinken
400 g Raclettekäse

mit Ziegenkäse:
100 g Zucchini
350 g Tomaten
1 kleine Knoblauchzehe
2 El Olivenöl
3–4 Thymianzweige
2 Rollen Ziegenkäse (à 150 g)

mit Gorgonzola:
100 g Serrano- oder Parmaschinken
10 halbweiche getrocknete Pflaumen
10 entsteinte Datteln
150 g Gorgonzola

Für die Frühlingszwiebel-Variante Kartoffeln pellen und in Scheiben schneiden. Frühlingszwiebeln putzen, waschen und klein schneiden. Beides in Raclette-Pfännchen geben. Schinken- und Käsescheiben quer halbieren. Erst den Schinken und dann den Käse auf die Kartoffeln legen.

Für die Ziegenkäse-Variante Zucchini waschen, trocken tupfen und in feine Stifte schneiden. Frische Tomaten waschen und grob würfeln. Knoblauch durch die Presse drücken, mit dem Olivenöl vermischen und etwas ziehen lassen. Thymian waschen, trocken schütteln, hacken und mit dem Knoblauchöl unter die Tomaten mischen. In Raclette-Pfännchen geben, ein paar Zucchinistifte daraufstreuen, Ziegenkäse in kleine Würfel schneiden und darüberstreuen.

Für die Gorgonzola-Variante Schinken längs halbieren und je 1 Pflaume bzw. Dattel in eine Scheibe wickeln. In Raclette-Pfännchen geben. Gorgonzola darüberbröckeln und überbacken.

Für 4 Portionen
Zubereitungszeit: ca. 30 Minuten
Pro Portion: ca. 860 kcal/3612 kJ, 44 g E, 55 g F, 40 g KH

Florentiner Ochsenkotelett

4 Fleischtomaten
2 rote Zwiebeln
4 Ochsenkoteletts
(etwa 3 cm dick)
4 Rosmarinzweige
4 Knoblauchzehen
3 El Rapsöl
100 g schwarze Oliven ohne Stein
Meersalz, Pfeffer
1 unbehandelte Zitrone zum Garnieren

Den Backofen auf 200 °C (Umluft 180 °C) vorheizen. Die Tomaten kreuzweise einritzen, blanchieren, den Stielansatz entfernen, Tomaten häuten. Zwiebeln schälen und in dünne Scheiben schneiden. Tomaten in schmale Spalten schneiden. Koteletts waschen und trocken tupfen. Rosmarin waschen, trocken schütteln, die Nadeln abzupfen und fein hacken. Knoblauch schälen und halbieren.

In einer Pfanne das Öl erhitzen und die Koteletts darin portionsweise von beiden Seiten scharf anbraten. Auf ein Blech legen und im vorgeheizten Ofen etwa 10 Minuten garen.

Nach der Hälfte der Garzeit Rosmarin, Knoblauch, Oliven und Tomaten zugeben. Zitrone waschen, trocken tupfen und in Scheiben schneiden. Die Koteletts aus dem Ofen nehmen, mit Meersalz und Pfeffer würzen, mit den Zitronenscheiben garnieren und servieren. Als Beilage eignen sich Bratkartoffeln und Salat oder Gemüse.

Für 4 Portionen
Zubereitungszeit: ca. 25 Minuten (plus Garzeit)
Pro Portion: ca. 522 kcal/2192 kJ, 67 g E, 25 g F, 5 g KH

Käse-Spätzle

500 g Weizenmehl
4 Eier
1 Tl Meersalz
1 Msp. Muskat
Pfeffer
70 g Butter
etwas Mineralwasser
2 große Zwiebeln
400 g Emmentaler oder Bergkäse

Den Backofen auf 80 °C vorheizen. Mehl, Eier, 1 Prise Salz, Muskat, Pfeffer und 50 g Butter zu einem Teig verkneten, anschließend so viel Mineralwasser unterrühren, bis der Spätzleteig elastisch ist und Blasen wirft. Der Spätzleteig sollte dickflüssig sein und langsam vom Löffel fließen. Teig 15 Minuten ruhen lassen. Inzwischen die Zwiebeln schälen und in Ringe schneiden, den Käse reiben.

Salzwasser aufkochen und die Temperatur so weit herunterschalten, bis das Wasser nur noch leicht siedet. Den Spätzleteig portionsweise durch die Spätzlepresse in das Wasser geben.

Wenn die Spätzle an der Oberfläche schwimmen, mit einem Schaumlöffel herausnehmen und abtropfen lassen. Anschließend in eine Schüssel geben und sofort mit etwas Käse bestreuen, mit Pfeffer würzen und im vorgeheizten Ofen warm stellen. Dann die nächste Portion Spätzle garen und ebenso verfahren, bis der Teig verbraucht ist. Die letzte Schicht mit dem restlichen Käse bestreuen.

Die restliche Butter auf kleiner Flamme in einer Pfanne erhitzen und die Zwiebelringe darin goldbraun rösten. Käsespätzle aus dem Ofen nehmen, mit den Zwiebeln garnieren und servieren. Dazu passt gemischter oder grüner Salat.

Für 4 Portionen
Zubereitungszeit: ca. 35 Minuten (plus Ruhe- und Garzeit)
Pro Portion: ca. 577 kcal/2423 kJ, 37 g E, 47 g F, 2 g KH

Unser Vorbereitungstipp:

Käsespätzle lassen sich sehr gut vorbereiten. Schichten Sie die Spätzle mit Käse in eine gefettete Auflaufform, schließen Sie mit den gebräunten Zwiebeln ab und bewahren Sie alles bis zum Verzehr im Kühlschrank auf. Dann einfach im vorgeheizten Ofen bei 180 °C ca. 20 Minuten erhitzen.

Lachsforellen mit Meerrettichsahne

4 Lachsforellenfilets (à 180 g)
Salz, Pfeffer
2 unbehandelte Zitronen
400 ml Sahne
2 Eigelb
2–3 El frisch geriebener Meerrettich
1 Bund Dill
Butter für die Form

Fischfilets waschen, trocken tupfen, salzen und pfeffern. Eine Auflaufform mit Butter fetten und die Filets nebeneinander hineinlegen. Backofen auf 200 °C (Umluft 180 °C) vorheizen.

Zitronen waschen und trocken tupfen. Eine Zitrone in Scheiben schneiden und bereitlegen. Von der zweiten Zitrone die Schale abreiben. Mit Sahne, Eigelb und Meerrettich verquirlen. Dill waschen, trocken schütteln, 4 Stiele zum Garnieren beiseitelegen. Restlichen Dill fein hacken und untermischen.

Sahneguss über den Lachsforellenfilets verteilen. Im Ofen auf der oberen Schiene etwa 15 Minuten überbacken. Mit Zitronenscheiben und Dill garnieren und servieren. Dazu passen Salzkartoffeln und Salat.

Für 4 Portionen
Zubereitungszeit: ca. 30 Minuten (plus Backzeit)
Pro Portion: ca. 584 kcal/2453 kJ, 41 g E, 46 g F, 3 g KH

Frikadellen mit würzigem Erbsenpüree

2 Zwiebeln
½ Bund Petersilie
500 g gemischtes Hackfleisch
2 Tl Tabasco
1 Eigelb
4 El Paniermehl
2 Tl grober Senf
Salz, Pfeffer
150 g Schafskäse
2 El Olivenöl
6 Minzstiele
1 unbehandelte Limette
1 El Butter
1 kg TK-Erbsen
1 Tl Gemüsebrühe

Die Zwiebeln schälen und fein würfeln. Petersilie waschen, trocken schütteln und Blättchen fein hacken. Das Hackfleisch, die Hälfte der Zwiebelwürfel, Tabasco, Eigelb, Paniermehl, Petersilie und Senf miteinander verkneten. Mit Salz und Pfeffer würzen. Schafskäse abtropfen lassen, in 12 Würfel schneiden. 12 Frikadellen formen und in jede 1 Stück Schafskäse stecken.

Das Öl in einer großen Pfanne erhitzen und die Frikadellen darin in 5 Minuten rundherum scharf anbraten, dann die Hitze reduzieren und bei mittlerer Hitze ca. 10 Minuten fertig braten.

Inzwischen die Minze waschen, trocken schütteln, einen Stiel zum Garnieren beiseitelegen und die restlichen Blättchen abzupfen. Die Limette waschen und trocken reiben, dann die Frucht halbieren und den Saft auspressen. Die Butter in einem Topf zerlassen und die restliche Zwiebel darin glasig dünsten. Erbsen zufügen, 200 ml Wasser und die Brühe einrühren und alles aufkochen. Zugedeckt ca. 5 Minuten köcheln lassen.

Die Erbsen abgießen und die Brühe dabei auffangen. Limettensaft und -schale, Minze und 5–6 Esslöffel Erbsenbrühe zu den Erbsen geben. Alles mit einem Zauberstab pürieren und mit Salz und Pfeffer abschmecken. Mit den Frikadellen anrichten und mit der restlichen Minze garnieren.

Für 4 Portionen
Zubereitungszeit: ca. 40 Minuten
Pro Portion: ca. 730 kcal/3066 kJ, 46 g E, 39 g F, 43 g KH

Lachs-Spinat-Päckchen

250 g Blattspinat
500 g Kartoffeln
600 g Lachsfilet (ohne Haut)
2 Stiele Petersilie
2 Stiele Basilikum
3 Schalotten
3 El Salzkapern (ersatzweise eingelegte Kapern im Glas)
3 El Butter
1 Knoblauchknolle
1 unbehandelte Limette
Salz, Pfeffer

Den Spinat putzen, waschen und gut abtropfen lassen bzw. trocken schleudern. Die Kartoffeln schälen, waschen, in kochendem Salzwasser ca. 15 Minuten vorgaren, dann abgießen und in dünne Scheiben schneiden. Lachs abspülen, trocken tupfen und in 4 Stücke schneiden.

Petersilie und Basilikum waschen, trocken schütteln und Blättchen fein hacken. Schalotten schälen und fein würfeln. Die Kapern wässern, gut abtropfen lassen und grob hacken. Alles mit Butter verkneten. Knoblauchknolle zerteilen. Limette heiß waschen, trocken tupfen und in Scheiben schneiden.

Den Backofen auf 200 °C (Umluft 180 °C) vorheizen. 4 große Stücke Pergament- oder Backpapier zurechtlegen. Die Kartoffelscheiben jeweils in die Mitte legen und mit Salz und Pfeffer würzen. Spinat und Lachs daraufsetzen. Die Kapernbutter in Flöckchen auf den Lachs geben. Mit Limettenscheiben belegen. Je $\frac{1}{4}$ der Knoblauchzehen dazulegen.

Das Papier darüber zusammenfalten und an den Seiten gut verschließen. Im Backofen ca. 20 Minuten backen. Papier entfernen und sofort servieren.

Für 4 Portionen
Zubereitungszeit: ca. 30 Minuten (plus Garzeit)
Pro Portion: ca. 470 kcal/1974 kJ, 33 g E, 29 g F, 16 g KH

Gespickte Lammkeule

1 Lammkeule (ca. 1,5 kg)
4–6 Knoblauchzehen
30 g eingelegte Sardellen
Pfeffer
2 El scharfer, grober Senf
2 El Kräuter der Provence

Den Backofen auf 150 °C vorheizen (Umluft 130 °C). Die Lammkeule waschen und trocken tupfen. Knoblauchzehen schälen und in Stifte schneiden. Sardellen abspülen und halbieren.

Die Lammkeule mit einem spitzen Messer rundherum einstechen und pro Einstich je einen Knoblauchstift und ein Stück Sardelle stecken. Die Keule mit Pfeffer kräftig würzen, mit Senf bestreichen und mit den Kräutern bestreuen.

Die Keule in eine Fettpfanne geben, eine Tasse Wasser dazugießen und im Backofen etwa 2–3 Stunden garen. In regelmäßigen Abständen etwas Flüssigkeit aus der Fettpfanne über den Braten gießen und bei Bedarf etwas mehr heißes Wasser dazugeben. Dazu passen grüne Bohnen und Duchesse-Kartoffeln (s. Tipp).

Für 4–5 Portionen
Zubereitungszeit: ca. 15 Minuten (plus Garzeit)
Pro Portion: ca. 615 kcal/2583 kJ, 65 g E, 37 g F, 2 g KH

Unser Rezept-Tipp:

Für Duchesse-Kartoffeln benötigen Sie 1 kg mehligkochende Kartoffeln, Salz, 80 g Butter, 4 Eigelbe, 1 Ei, etwas geriebene Muskatnuss, 1 Spritzbeutel und Backpapier. Kartoffeln schälen, waschen und in kochendem Salzwasser ca. 20 Minuten garen. Ausdampfen lassen und durch eine Kartoffelpresse drücken. Kartoffelmasse in einen Topf geben und bei kleiner Hitze unter Rühren noch etwas trocknen lassen. Nach und nach die Butter, 3 Eigelbe und das Ei unterrühren. Mit Salz und Muskat würzen und die Masse in den Spritzbeutel füllen. Den Backofen auf 220 °C (Umluft 200 °C) vorheizen. Ein Backblech mit Backpapier auslegen und kleine Kartoffeltupfen daraufsetzen. Übriges Eigelb verquirlen und die Kartoffeltupfen damit bestreichen. In den Ofen schieben und in 6–8 Minuten goldgelb backen.

Kräuterfilet mit Kartoffelgratin

750 g festkochende Kartoffeln
100 g Gruyère
1 Knoblauchzehe
Salz, Pfeffer, Muskat
200 ml Sahne
600 g Rinderfilet
2 El Öl
1 Bund Petersilie
1 Bund Schnittlauch
1 Bund Basilikum
300 g Kohlrabi
300 g Möhren
150 g Zuckerschoten
1 El Butter
1 Msp. gekörnte Gemüsebrühe
Fett für die Form

Den Backofen auf 200 °C vorheizen (Umluft 180 °C). Kartoffeln schälen, waschen und in dünne Scheiben hobeln oder schneiden. Käse fein reiben. Knoblauch schälen und halbieren, 1 große, ofenfeste Form mit der Knoblauchzehe ausreiben, dann fetten.

Kartoffeln dachziegelartig in 3 Schichten in die Form legen. Jede Schicht mit Salz, Pfeffer und Muskat würzen. Am Schluss alles mit dem Käse bestreuen und mit Sahne übergießen. Kartoffelgratin im heißen Ofen auf der 2. Schiene von unten ca. 50 Minuten backen. Falls das Gratin zu viel Farbe annimmt, mit Alufolie abdecken.

Inzwischen das Rinderfilet waschen und trocken tupfen. Öl in einem Bräter oder einer ofenfesten Pfanne erhitzen. Filet im heißen Öl rundherum bei starker Hitze 5–8 Minuten kräftig anbraten. Mit Salz und Pfeffer würzen. Im Bräter neben das Gratin in den Ofen stellen und 25–30 Minuten braten.

Die Kräuter waschen, trocken schütteln, hacken und auf einen flachen Teller streuen. Abgedeckt zur Seite stellen. Kohlrabi und Möhren waschen, putzen, schälen und in kleine Würfel schneiden. Zuckerschoten waschen, putzen und längs in 2–3 Streifen schneiden.

Butter in einem Topf erhitzen. Gemüse darin bei mittlerer Hitze 3 Minuten andünsten. 100 ml Wasser und die Brühe zufügen und alles zugedeckt 5–6 Minuten sanft garen.

Filet aus dem Ofen nehmen, in den Kräutern wälzen, in Alufolie wickeln und ca. 10 Minuten ruhen lassen. Anschließend aus der Folie wickeln und in Scheiben schneiden. Mit dem Gratin und Gemüse anrichten.

Für 4 Portionen
Zubereitungszeit: ca. 45 Minuten (plus Garzeit)
Pro Portion: ca. 620 kcal/2604 kJ, 45 g E, 33 g F, 32 g KH

Schmortopf Mont Ventoux

150 g geräucherter, durchwachsener Speck
1 große Zwiebel
5 Knoblauchzehen
2 Rosmarinzweige
10 frische Thymianzweige
je eine Handvoll grüne und schwarze Oliven
1 Tasse getrocknete Pflaumen
je 400g mageres Rind- und Lammfleisch
6 El Öl
1 Tasse ungeschwefelte Korinthen
1/2 l Rotwein (Côtes du Ventoux oder Côtes du Rhône)
1 El grüner Pfeffer
Salz
250 ml Sahne
10 cl Cognac

Den Backofen auf 200 °C (Umluft 180 °C) vorheizen. Den Speck in Würfel schneiden. Zwiebel und Knoblauch schälen und ebenfalls in feine Würfel schneiden. Rosmarin und Thymian waschen, trocken schütteln und die Blättchen von den Stielen zupfen. Oliven entsteinen. Getrocknete Pflaumen gegebenenfalls entkernen und ebenfalls in kleine Stücke schneiden.

Fleisch waschen, trocken tupfen, parieren, würfeln und in heißem Öl portionsweise anbraten, bis es von allen Seiten gebräunt ist. Unter ständigem Rühren den gewürfelten Speck und die gewürfelte Zwiebel hinzugeben und anbraten, bis sie glasig sind. Oliven, Knoblauch, Thymian, Rosmarin, Pflaumen und Korinthen zum Fleisch geben und alles mit Rotwein ablöschen. Den Schmortopf zudecken und für 40 Minuten in den vorgeheizten Backofen schieben. Anschließend mit grünem Pfeffer und Salz würzen, die Sahne und den Cognac dazugeben, gut durchrühren und weitere 20–25 Minuten im Ofen bei 130 °C (Umluft 110 °C) ziehen lassen. Dazu passen Endiviensalat und Baguette oder Safranreis (s. Tipp).

Für 6 Portionen
Zubereitungszeit: ca. 35 Minuten (plus Garzeit)
Pro Portion: ca. 598 kcal/2512 kJ, 25 g E, 49 g F, 13 g KH

Unser Feinschmecker-Tipp:

Die leicht orientalische Note dieses Gerichtes können Sie mit etwas Safranreis noch verstärken: 400 g Langkornreis 20 Minuten in kaltem Wasser einweichen. 2 Msp. Safranfäden mit 1 gehäuften Teelöffel Zucker in 2 Esslöffel Rosenwasser 20 Minuten marinieren. Den Reis in 1 Esslöffel Butterschmalz anschwitzen. Mit 800 ml Gemüsebrühe aufgießen, den aufgelösten Safran dazugeben und kurz durchrühren. Ca. 15 Minuten im offenen Topf köcheln lassen, bis die Brühe verdampft ist. In der Zwischenzeit 1 Zwiebel mit jeweils 1 Msp. Kardamom, Koriander, Zimt und Nelkenpulver in etwas Butterschmalz goldbraun rösten, salzen und 2 Esslöffel Sultaninen untermengen. Dann zum Reis geben und gut mischen. Den Topf fest verschließen und zugedeckt bei schwacher Hitze ca. 20 Minuten dämpfen. Mit 100 g gerösteten Mandeln bestreut servieren.

Mediterranes Hühnchen

je 2 rote und gelbe Paprikaschoten
4 Schalotten
3 Hähnchenkeulen
3 Hähnchenbrüste mit Haut
Salz
Pfeffer
8 El Rapsöl
4 geschälte Knoblauchzehen
300 ml trockener Weißwein
10–15 Lorbeerblätter
125 g Kapernäpfel
(ersatzweise 50 g Kapern)
1 Bund glatte Petersilie

Die Paprikaschoten putzen, waschen, zunächst vierteln und dann die Viertel quer halbieren. Schalotten schälen und ebenfalls vierteln. Hähnchenkeulen waschen, trocken tupfen und jeweils am Gelenk in 2 Stücke schneiden. Fleisch salzen und pfeffern. Den Backofen auf 200 °C (Umluft 180 °C) vorheizen.

In einem großen Bräter Rapsöl erhitzen und das Fleisch bei starker Hitze rundherum goldbraun braten. Paprika und Knoblauch dazugeben, kurz mitbraten, salzen, gut pfeffern und mit Weißwein ablöschen. Lorbeerblätter dazugeben und den Bräter auf die 2. Schiene von unten schieben. Ca. 35 Minuten garen.

Kapernäpfel abtropfen lassen und längs halbieren. Petersilie waschen, trocken schütteln und Blättchen grob hacken. Beides kurz vor Ende der Garzeit unter das Hähnchen mischen und servieren. Dazu passt Baguette.

Für 6 Portionen
Zubereitungszeit: ca. 30 Minuten (plus Garzeit)
Pro Portion: ca. 753 kcal/3163 kJ, 35 g E, 57 g F, 15 g KH

Käsefondue

Weißbrot und/oder kleine Kartoffeln
1 Knoblauchzehe
650 ml trockener Weißwein
600 g Gruyère
300 g Emmentaler
125 ml Kirschwasser
3 Tl Speisestärke
frisch gemahlener Pfeffer

Brot in mundgerechte Würfel schneiden und in einem Korb oder einer Schüssel bereitstellen. Kartoffeln gründlich waschen, in einen Topf mit heißem Wasser geben und in ca. 20 Minuten gar kochen.

Knoblauch schälen, halbieren und den Fonduetopf damit ausreiben. Den Wein auf dem Herd langsam darin aufkochen. Beide Käsesorten reiben. Unter Rühren nach und nach zum Wein geben und darin schmelzen lassen, dabei stetig weiterrühren. Immer auch am Boden des Topfes rühren, damit der Käse unten nicht ansetzt.

Kirschwasser und Stärke glatt rühren und unter das Käsefondue rühren. Fonduetopf auf einen Rechaud mit kleiner Flamme stellen. Mit dem Brot und den Kartoffeln servieren.

Dazu passen unter anderem Cornichons, Silberzwiebeln, Oliven, getrocknete Tomaten, Sardellen, Peperoni, Crevetten, Champignons, Spargelspitzen, Maiskolben und frische Früchte.

Für 4 Portionen
Zubereitungszeit: ca. 40 Minuten
Pro Portion: ca. 1065 kcal/4473 kJ, 65 g E, 68 g F, 3 g KH

Unser Getränke-Tipp:

Wenn die Käsemasse zu dick wird, verdünnen Sie sie mit etwas Wein. Traditionellerweise wird zum Käsefondue Weißwein – vorzugsweise Fendant – und/oder Schwarztee getrunken. Auch wird gern zusätzlich ein Schnapsglas mit Kirschwasser gereicht, das entweder dazu getrunken wird oder in das man sein Brotstück tunken kann, bevor man es in den Käse taucht. Auch Obstbranntweine wie Williams Christ Birne, Calvados, Grappa oder Zwetschgenwasser, können Sie zum Fondue reichen.

Kasseler im Gemüsebett

1–1,25 kg Kasselerkotelett am Stück
Pfeffer
20 Schalotten
1 kg Kartoffeln
Salz
2 Fenchelknollen
3 Äpfel
2 Rosmarinzweige
2 El Apfelgelee oder Aprikosenkonfitüre
Öl für die Fettpfanne

Den Backofen auf 175 °C (Umluft 150 °C) vorheizen. Kasseler waschen, trocken tupfen und mit Pfeffer würzen. Eine Fettpfanne mit Öl ausstreichen und das Kasseler hineinlegen. Schalotten schälen, längs halbieren und um den Kasselerbraten herum verteilen. Im Ofen ca. 1 1/2 Stunden braten.

Nach ca. 15 Minuten 125 ml heißes Wasser angießen. Kartoffeln schälen, waschen, in grobe Stücke schneiden, salzen und pfeffern und ca. 45 Minuten vor Ende der Bratzeit mit in die Fettpfanne geben.

Fenchel putzen, waschen, den Stielansatz herausschneiden und die Knolle in dünne Spalten schneiden. Äpfel waschen, vierteln, entkernen und in Stücke schneiden. Rosmarin waschen, trocken schütteln und mit dem Fenchel und den Äpfeln 30 Minuten vor Ende der Garzeit unter die Kartoffeln mischen.

125 ml heißes Wasser angießen. Gelee glatt rühren und das Kasseler ca. 15 Minuten vor Ende der Bratzeit damit bestreichen. Zum Schluss Kasseler herausnehmen, vom Knochen lösen und in Scheiben schneiden. Gemüse mit Salz und Pfeffer abschmecken.

Für 5 Portionen
Zubereitungszeit: ca. 30 Minuten (plus Garzeit)
Pro Portion: ca. 380 kcal/1596 kJ, 33 g E, 11 g F, 35 g KH

Seeteufel aus dem Ofen

400 g Tomaten
200 g Zucchini
30 g schwarze Oliven
½ rote Chilischote
1 Bund Petersilie
½ Bund Majoran
½ Bund Thymian
1 unbehandelte Zitrone
2 Knoblauchzehen
4 küchenfertige Seeteufelfilets (à ca. 200 g)
Salz, Pfeffer
6 El Weißwein
6 El Olivenöl
Fett für die Form

Tomaten waschen, vierteln, Stielansatz entfernen, Fruchtfleisch entkernen und grob hacken. Zucchini waschen, putzen, längs halbieren und in Scheiben schneiden. Die schwarzen Oliven entkernen. Chilischote waschen, trocken tupfen und sehr fein hacken. Petersilie, Majoran und Thymian waschen und trocken schütteln, Blättchen abzupfen und beiseitelegen. Zitrone mit heißem Wasser abwaschen, abtrocknen und mit der Schale in dünne Scheiben schneiden. Knoblauch schälen und ebenfalls in Scheiben schneiden.

Seeteufelfilets waschen, trocken tupfen und mit Salz und Pfeffer würzen. In eine gefettete, ofenfeste Form setzen. Mit Zitronenscheiben belegen und mit Petersilie, Majoran und Thymian bestreuen. Tomaten, Zucchini, Chilischote, Knoblauch und Oliven darum herum verteilen. Mit Salz und Pfeffer würzen. Mit Weißwein und Olivenöl beträufeln. Im vorgeheizten Ofen auf der 2. Schiene von unten bei 200 °C (Umluft ist hier nicht geeignet) 25–30 Minuten garen.

Für 4 Portionen
Zubereitungszeit: ca. 25 Minuten (plus Garzeit)
Pro Portion: ca. 340 kcal/1428 kJ, 32 g E, 21 g F, 4 g KH

Rotkohl-Quiche mit Ziegenkäse

150 g Mehl
1 Prise Salz
100 g Quark
100 g Butter
ca. 300 g Rotkohl
1 Zwiebel
2 El Rotweinessig
200 ml Brühe
etwas Zucker
2 gemahlene Gewürznelken
50 g Sonnenblumenkerne
4 Zweige Thymian
je 100 ml Sahne und Milch
2 Eier
Salz, Pfeffer
100 g Ziegenfrischkäse
Olivenöl
Fett für die Form

Mehl, Salz, Quark und 70 g Butter zu einem glatten Teig verkneten, ausrollen und eine gefettete Tarte- oder Springform (26 cm Durchmesser) damit auslegen. 30 Minuten kühl stellen.

Rotkohl putzen, waschen und in Streifen schneiden. Zwiebel schälen, hacken und in der restlichen Butter andünsten. Rotkohl zufügen, mit Essig und Brühe ablöschen. Mit Zucker und Nelken würzen und ca. 15 Minuten dünsten. Anschließend abkühlen lassen. Den Backofen auf 180 °C (Umluft 160 °C) vorheizen.

Sonnenblumenkerne in einer heißen Pfanne ohne Fett anrösten. Thymian waschen, trocken schütteln und die Blättchen von den Stielen zupfen. Sahne, Milch und Eier glatt rühren und mit Salz und Pfeffer würzen. Abgekühlten Rotkohl auf dem Teig verteilen, die Sahnemischung gleichmäßig darübergießen und Ziegenkäsestücke, Sonnenblumenkerne und Kräuter darüberstreuen. Mit etwas Olivenöl beträufeln.

Im Ofen 30 Minuten goldbraun backen. Dazu passt grüner Salat.

Für 4–6 Portionen
Zubereitungszeit: ca. 45 Minuten (plus Kühl- und Backzeit)
Pro Portion: ca. 567 kcal/2389 kJ, 19 g E, 43 g F, 27 g KH

Unser Variationstipp:

Wenn es ganz schnell gehen soll, variieren Sie den Teig einmal mit TK-Blätterteig: Boden der Springform fetten und mit Mehl bestäuben. Anschließend mit Blätterteig auslegen und die Teigstücke mit etwas zerlassener Butter einstreichen. Auch bei der Füllung gibt es köstliche Varianten: Verteilen Sie statt des Rotkohls 200 g kleine Garnelen und 200 g Muscheln gleichmäßig auf der Quiche. Verrühren Sie 3 Eier, 190 ml Sahne und 125 ml Milch, mischen dann 4 klein geschnittene Frühlingszwiebeln, 25 g geriebenen Gruyère (oder Emmentaler) und 2 Esslöffel Mehl darunter und geben die Mischung über die Meeresfrüchte. Anschließend 1 Teelöffel gehackten, frischen Thymian darauf verteilen. Im vorgeheizten Ofen bei 180 °C (Umluft 160 °C) 30 Minuten goldbraun backen.

Festliche Hauptgerichte

Gänsekeulen in Apfel-Sauce

2 Gänsekeulen mit Knochen (à 500 g)
60 g Honig
650 ml Apfelsaft
250 ml Weißwein
6 Gewürznelken
1 Zimtstange
6 Wacholderbeeren
6 Pfefferkörner
2 Lorbeerblätter
Salz
50 ml Aceto balsamico
30 g Butterschmalz
4 rote Zwiebeln, geschält und geviertelt
4 Knoblauchzehen, geschält und halbiert
3 Äpfel, entkernt und geviertelt + 16 Apfelspalten
50 g Zucker
Mark von 1 Vanilleschote
2 El Rosinen
frisch gehackte Petersilienblättchen zum Garnieren

Die Gänsekeulen waschen und trocken tupfen. Den Honig in einem Topf erhitzen. 500 ml Apfelsaft und Weißwein angießen und etwas einkochen lassen. Nelken, Zimtstange, Wacholderbeeren, Pfefferkörner und Lorbeerblätter dazugeben, alles einmal aufkochen lassen und mit Salz und Aceto balsamico abschmecken. Den Sud abkühlen lassen, die Gänsekeulen über Nacht darin im Kühlschrank marinieren.

Fleisch aus der Marinade nehmen, gut abtropfen lassen und die Flüssigkeit durch ein Sieb passieren. Butterschmalz in einem Bräter erhitzen und die Keulen darin von allen Seiten kross anbraten, dann wieder herausnehmen und beiseitestellen. Den Backofen auf 150 °C (Umluft 130 °C) vorheizen.

Rote Zwiebeln, Knoblauch und Äpfel im gleichen Bräter anbraten, mit etwas Sud ablöschen. Die angebratenen Keulen hineinlegen und im Backofen etwa 1 Stunde schmoren. Zwischendurch immer wieder mit dem Sud begießen. Dann die Keulen aus der Sauce nehmen und warm stellen. Die Sauce durch ein Sieb passieren.

Für die Sauce den restlichen Apfelsaft mit Zucker und Vanillemark einkochen, bis eine sirupartige Flüssigkeit entsteht. Die Apfelspalten dazugeben und abkühlen lassen.

Die Apfelspalten und die Rosinen zu der passierten Gänsesauce geben und nochmals erhitzen. Die Gänsekeulen tranchieren, mit der Apfelsauce anrichten und mit Petersilienblättchen garnieren. Dazu passen Knödel.

Für 4 Portionen
Zubereitungszeit: ca. 45 Minuten
(plus Marinier- und Garzeit)
Pro Portion: ca. 1104 kcal/4637 kJ, 36 g E, 54 g F, 70 g KH

Brasse mit Kirschtomaten

2 küchenfertige Brassen (à 750 g)
Salz, Pfeffer
30 Perlzwiebeln (ersatzweise 10 kleine Schalotten)
30 Kirschtomaten
1 unbehandelte Zitrone
2 Stängel Estragon
1 Bund glatte Petersilie
150 ml trockener Weißwein
50 g Butterflöckchen
Butter für die Form

Den Fisch waschen, trocken tupfen und mit Salz und Pfeffer würzen. Perlzwiebeln schälen. Die Tomaten waschen, trocken tupfen und an der Oberseite kreuzweise einritzen. Zitrone heiß abwaschen, trocknen und ungeschält in feine Scheiben schneiden. Estragon und Petersilie waschen und trocken schütteln. Petersilie fein hacken.

Eine feuerfeste Form mit Butter einfetten. Zwiebeln und Tomaten in der Form verteilen. Die zwei Stängel Estragon darauflegen. Mit Wein begießen und mit Salz und Pfeffer bestreuen. Den Fisch auf das Gemüse legen, mit den Butterflöckchen bedecken und die Zitronenscheiben darauf verteilen. Im vorgeheizten Backofen bei 200 °C (Umluft 180 °C) 25 Minuten garen.

Fisch tranchieren und mit dem Gemüse auf Tellern anrichten. Etwas Sud über dem Fisch verteilen und mit der gehackten Petersilie bestreuen. Dazu passen Röstkartoffeln.

Für 4 Portionen
Zubereitungszeit: ca. 20 Minuten (plus Garzeit)
Pro Portion: ca. 253 kcal/1063 kJ, 22 g E, 13 g F, 3 g KH

Steinpilz-Risotto mit Rehrückenfilet

100 g Schalotten
2 Knoblauchzehen
4 Stiele glatte Petersilie
150 g Steinpilze
3 Zweige Rosmarin
2 Quitten
100 g Zucker
$^{1}/_{4}$ l Weißwein
200 ml Apfelsaft
650 ml Wildfond
6 El Butter
4 El Olivenöl
Salz, Pfeffer
180 g Risotto-Reis
400 g Rehrückenfilet

Schalotten und Knoblauch schälen und fein würfeln. Petersilie waschen, trocken schütteln und die Blättchen fein hacken. Steinpilze sorgfältig putzen und fein schneiden. Rosmarin waschen, trocken schütteln und Nadeln abzupfen.

Quitten waschen, schälen, Gehäuse entfernen und in Stücke schneiden. Zucker hellbraun karamellisieren und mit dem Weißwein ablöschen. Quitten zufügen und 5 Minuten dünsten. Apfelsaft dazugeben und Quitten ca. 25 Minuten weich kochen. Quitten durch ein Sieb passieren oder pürieren.

Den Fond in einem kleinen Topf erhitzen. Schalotten und Knoblauch in einem zweiten Topf mit 4 El Butter und 2 El Öl glasig dünsten. Steinpilze zugeben, mit Salz und Pfeffer würzen und weitere 3–4 Minuten dünsten. 1 Zweig Rosmarin und den Reis dazugeben und kurz mitdünsten. 200 ml Fond dazugießen und unter häufigem Rühren offen 18–20 Minuten kochen, dabei nach und nach den restlichen Fond angießen. Mit Salz und Pfeffer würzen und 2 Minuten vor Ende der Garzeit das Quittenpüree unterheben.

In der Zwischenzeit Backofen auf 180 °C (Umluft nicht empfehlenswert) vorheizen. Restliche Butter und restliches Öl in einer ofenfesten Pfanne erhitzen. Das Rehrückenfilet mit dem restlichen Rosmarin darin bei mittlerer Hitze rundum 2 Minuten anbraten und mit Salz und Pfeffer würzen. Dann im Backofen auf der 2. Schiene von unten 10–12 Minuten zu Ende garen. Fleisch herausnehmen und in Alufolie gewickelt 5 Minuten ruhen lassen.

Petersilie unter das Risotto heben. Das Fleisch in dünne Scheiben schneiden und beides auf vorgewärmten Tellern anrichten.

Für 4 Portionen
Zubereitungszeit: ca. 50 Minuten (plus Gar- und Kochzeit)
Pro Portion: ca. 569 kcal/2390 kJ, 22 g E, 30 g F, 51 g KH

Medaillons mit Salbei und Knoblauch

200 g Prinzessbohnen
200 g Zuckerschoten
250 g Möhren
3 El Pflanzencreme
100 ml Gemüsebrühe
Salz, Pfeffer
8 Schweinemedaillons (à ca. 60 g)
6 El Olivenöl
2 Knoblauchzehen
16 Salbeiblättchen

Bohnen und Zuckerschoten waschen, putzen und evtl. halbieren. Möhren waschen, putzen, schälen und in dünne Stifte schneiden. Pflanzencreme erhitzen und Gemüse darin anbraten. Brühe dazugeben und zugedeckt ca. 10 Minuten dünsten. Mit Salz und Pfeffer abschmecken.

Die Medaillons waschen, trocken tupfen und mit Salz und Pfeffer würzen. 2 El Olivenöl in einer beschichteten Pfanne erhitzen. Die Medaillons darin rundherum anbraten. Hitze reduzieren und das Fleisch in ca. 8 Minuten fertig braten. Herausnehmen und warm stellen.

Knoblauch schälen und 1 Zehe in Scheiben schneiden. Salbei waschen, trocken schütteln und die Blättchen grob hacken. Beides in 2 El Öl goldgelb braten. Die restliche Knoblauchzehe durch die Presse drücken und mit dem restlichen Öl dazugeben, leicht anwärmen und etwas ziehen lassen. Fleisch auf dem Gemüse anrichten und mit dem Salbei-Knoblauch-Öl beträufeln. Dazu passen Gnocchi.

Für 4 Portionen
Zubereitungszeit: ca. 40 Minuten (plus Gar- und Bratzeit)
Pro Portion: ca. 356 kcal/1495 kJ, 29 g E, 23 g F, 7 g KH

Unser Bastel-Tipp:

Basteln Sie doch einmal einen Adventskalender aus Tüten. Sie brauchen: 24 Papier-Brötchentüten in verschiedenen Größen, Aquarellfarbe, Metallic-Farbe in Gold, 1 Borstenpinsel, Stempel (z. B. aus Kartoffeln) Schablonen (Sterne, Tannen, etc.), dünnen Draht und 24 Holz-Wäscheklammern. Grundieren Sie die Tüten nach Belieben in einer passenden Farbe und lassen Sie sie trocknen. Bemalen und bestempeln Sie sie anschließend in Goldfarbe mit den verschiedenen Motiven und nummerieren Sie sie von 1 bis 24 durch. Dann spannen Sie einen ausreichend langen Draht, füllen die Tüten, falten sie zu und hängen sie mit je einer Wäscheklammer daran auf.

Spanisches Kaninchen

4 Kaninchenkeulen (à 250 g)
Salz, Pfeffer
2 Zwiebeln
2 Knoblauchzehen
1 Bund Petersilie
2 El Öl
2 Lorbeerblätter
2 Tl edelsüßes Paprikapulver
1 Dose Safranfäden (0,1 g)
100 ml trockener Sherry
50 g Sultaninen
200 ml Geflügelbrühe
1 Dose Kichererbsen (425 g)

Kaninchenkeulen waschen, trocken tupfen und rundum salzen und pfeffern. Zwiebeln schälen und fein würfeln, Knoblauch ebenfalls schälen und in feine Scheiben schneiden. Petersilie waschen, trocken schütteln und hacken.

Öl in einem Bräter erhitzen und die Kaninchenkeulen darin rundum kräftig anbraten. Zwiebeln und Knoblauch dazugeben und weitere 2 Minuten braten. Lorbeerblätter, Paprikapulver und Safranfäden dazugeben und mit dem Sherry ablöschen. Sultaninen und die Geflügelbrühe dazugeben, aufkochen und zugedeckt bei mittlerer Hitze 55 Minuten schmoren.

Kichererbsen in einem Sieb abspülen und abtropfen lassen. 10 Minuten vor Ende der Garzeit in den Bräter geben. Alles mit Salz und Pfeffer abschmecken und mit reichlich Petersilie bestreuen.

Für 4 Portionen
Zubereitungszeit: ca. 30 Minuten (plus Garzeit)
Pro Portion: ca. 372 kcal/1562 kJ, 43 g E, 10 g F, 21 g KH

Wildschweinmedaillons mit Rotkraut

1 Rotkohl (ca. 1 kg)
4 Boskop-Äpfel
1 kleine Zwiebel
1 El Butterschmalz
Salz, Pfeffer
2 Msp. gemahlene Gewürznelken
2 Msp. gemahlener Sternanis
2 El Aceto balsamico
8 Wildschweinmedaillons (à 80 g)
8 Scheiben Frühstücksspeck
2 El Öl
100 ml Portwein
1 Glas Wildfond (400 ml)
2 El eingelegte grüne Pfefferkörner
1–2 El dunkler Saucenbinder

Äußere Blätter des Rotkohls entfernen, Kohlkopf vierteln, Strunk entfernen, den Rotkohl in feine Streifen schneiden und waschen. Äpfel waschen, schälen, Gehäuse entfernen und in kleine Stücke schneiden. Zwiebel schälen und in feine Würfel schneiden.

Butterschmalz in einem Topf erhitzen. Zwiebelwürfel darin glasig dünsten, salzen und pfeffern. Rotkohl, Nelken und Sternanis dazugeben und 5 Minuten weiterdünsten. Aceto balsamico und etwas Wasser dazugeben, gut durchrühren, dann Äpfel dazugeben und zugedeckt bei schwacher Hitze ca. 30 Minuten schmoren, dabei mehrmals umrühren. Falls nötig, weiteres Wasser zufügen.

Fleisch waschen und trocken tupfen. Mit je 1 Scheibe Speck umwickeln, evtl. mit Holzspießchen feststecken. Öl in einer Pfanne erhitzen und das Fleisch darin rundherum (auch am Rand) kräftig anbraten. Dann die Hitze verringern und pro Seite ca. 3 Minuten fertig braten. Herausnehmen und warm stellen.

Bratensatz mit Portwein und Wildfond ablöschen, aufkochen und bei starker Hitze ca. 10 Minuten auf die Hälfte einkochen lassen. Pfefferkörner dazugeben. Saucenbinder einrühren und ca. 1 Minute köcheln. Medaillons mit der Sauce und dem Rotkohl anrichten. Dazu passen Kroketten.

Für 4 Portionen
Zubereitungszeit: ca. 30 Minuten (plus Gar- und Bratzeit)
Pro Portion: ca. 410 kcal/1722, 37 g E, 20 g F, 10 g KH

Unser Gourmet-Tipp:

Gerade in den Monaten September bis Januar ist das Wildbretangebot besonders groß und vielseitig. Rehe, Hirsche, Wildschweine und Fasane haben jetzt Hauptjagdsaison. Überall bieten Jäger und Förster Wildfleisch an. Bei ihnen kann man Wild preiswert erstehen. Gegen einen kleinen Aufpreis sind viele Jäger bereit, das Wildbret küchenfertig zubereiten. Wer Wild direkt beim Jäger oder Förster und in Wohnortnähe kauft, spart nicht nur Energie, die sonst bei langen Transportwegen verbraucht würde, er weiß beim heimischen Wildbret auch, woher es kommt.

Rinderfilet mit Maronen

12 fertig gegarte Maronen
4 El Semmelbrösel
100 g Butter
1 El gemischte gehackte Kräuter
1 Tl Senf
Salz, Pfeffer
2 kleine Netze Schalotten
4 Rinderfiletsteaks (à 200 g)
2 El Öl
1 El Zucker
400 ml kräftiger Rotwein
600 ml Kalbsfond

Maronen hacken und mit Semmelbröseln, 60 g Butter, gehackten Kräutern und Senf vermischen (restliche Butter in Flöckchen schneiden und tiefkühlen). Mit Salz und Pfeffer abschmecken. Schalotten schälen und vierteln, den Backofengrill vorheizen.

Steaks waschen und trocken tupfen, im erhitzten Öl in einer Pfanne auf beiden Seiten ca. 3 Minuten anbraten und mit Salz und Pfeffer würzen. Dann auf eine vorgewärmte Platte geben und mit Alufolie abdecken. Den Backofengrill vorheizen.

Schalotten in der Steak-Pfanne anbraten, Zucker dazugeben und kurz karamellisieren lassen. Mit Salz und Pfeffer würzen und mit Rotwein ablöschen. Auf die Hälfte einkochen lassen, Kalbsfond dazugeben und nochmals einkochen lassen, bis die Konsistenz leicht sirupartig ist.

Die Maroni-Mischung auf den Steaks verteilen und im vorgeheizten Ofen gratinieren, bis sie knusprig-braun ist. Schalotten-Confit noch einmal mit Salz und Pfeffer abschmecken, restliche Butter einrühren und mit den Steaks anrichten. Dazu passen Püree und Grilltomaten.

Für 4 Portionen
Zubereitungszeit: ca. 45 Minuten (plus Brat-, Koch- und Gratinierzeit)
Pro Portion: ca. 671 kcal/2818 kJ, 73 g E, 26 g F, 20 g KH

Maishühnchen mit Estragon-Senf-Sauce

700 g Romanesco
Salz
3 Schalotten
2 Stängel Estragon
2 Maishühnchenbrüste mit Haut (à ca. 400 g)
2 El Öl
2 El Butter
1 El Mehl
400 ml Geflügelfond
3 Tl Dijonsenf
2 El Crème fraîche
Pfeffer
3 El Mandelblättchen
Streifen aus der Orangenschale zum Garnieren

Romanesco putzen, waschen und in kleine Röschen teilen. Zugedeckt in wenig kochendem Salzwasser 8–10 Minuten garen. Schalotten schälen und fein würfeln. Estragon waschen, trocken schütteln, Blättchen abzupfen, etwas zum Garnieren beiseitestellen, den Rest fein hacken. Hähnchenfilets samt Haut vom Knochen schneiden, waschen und trocken tupfen. Öl in einer Pfanne erhitzen. Filets darin von allen Seiten 6–8 Minuten braten, würzen, herausnehmen und warm stellen.

1 El Butter im Bratfett erhitzen. Schalotten darin andünsten, mit Mehl bestäuben und goldgelb anschwitzen. Fond unter ständigem Rühren angießen. Sauce aufkochen und ca. 5 Minuten köcheln. Estragon, Senf und Crème fraîche in die Sauce rühren. Mit Salz und Pfeffer abschmecken.

Mandeln in einer Pfanne ohne Fett goldgelb rösten. 1 El Butter zufügen und schmelzen. Romanesco abtropfen lassen und darin schwenken. Alles anrichten. Mit Orangenschale und restlichem Estragon garnieren. Dazu passt Baguette oder Reis.

Für 4 Portionen
Zubereitungszeit: ca. 35 Minuten (plus Brat- und Garzeit)
Pro Portion: ca. 420 kcal/1764 kJ, 39 g E, 24 g F, 8 g KH

Unser Deko-Tipp:

Sie brauchen nur 1 Beutel Erdnüsse in der Schale, reichlich stabilen Draht, ein paar Mistel- oder Efeuzweige sowie Kreppband in Ihrer Lieblingsfarbe. Fädeln Sie die Nüsse quer, wie auf einer Perlenkette, auf den Draht und formen Sie drei verschieden große Ringe daraus. Binden Sie die Ringe mit breiten, farbigen Bändern zusammen. Nehmen Sie notfalls etwas Kreppband zur Hilfe. Dekorieren Sie die Nusskränze mit Zweigen oder Weihnachtsschmuck.
Wenn Sie die Nusskränze auf den Balkon oder in den Garten hängen, freuen sich übrigens Rotkehlchen und Co. über die köstliche Weihnachtsüberraschung.

Festtägliche Entenbrust

2 Entenbrüste (à 350–400 g)

Salz, Pfeffer

4 Zweige frischer Thymian

6 Schalotten

1/4 l trockener Rotwein

400 ml Entenfond oder Hühnerbrühe

2 Tl rotes Johannisbeergelee

1–2 El Saucenbinder für dunkle Saucen

Entenbrüste waschen und trocken tupfen. Auf der Fleischseite Sehnen und Fett entfernen. Die Haut mit einem scharfen Messer vorsichtig kreuzweise einschneiden, ohne das Fleisch zu verletzen.

Backofen auf 200 °C (Umluft 180 °C) vorheizen. Entenbrüste salzen, pfeffern und ohne Fett in einen Bräter oder eine ofenfeste Pfanne geben. Auf der Hautseite 5 Minuten anbraten, wenden und auch von der Fleischseite 2–3 Minuten kräftig anbraten. Entenbrüste in den Backofen schieben und ca. 18 weitere Minuten garen.

Frischen Thymian waschen, trocken schütteln und Blättchen abzupfen. Etwas zum Garnieren beiseitelegen. Schalotten schälen und in Spalten schneiden. Fleisch herausnehmen. In Alufolie wickeln und ca. 10 Minuten ruhen lassen. Bratfett bis auf ca. 2 El abschöpfen.

Schalotten im Bratfett anbraten und mit Wein und Fond ablöschen. Thymian und Gelee einrühren, aufkochen. 8–10 Minuten bei starker Hitze auf die Hälfte einkochen lassen. Saucenbinder einstreuen, kurz aufkochen und abschmecken. Entenbrüste aus der Folie nehmen und den darin angesammelten Fleischsaft zur Sauce gießen. Die Entenbrüste in Scheiben schneiden, auf Tellern anrichten und mit etwas Thymian garnieren. Dazu schmecken Feldsalat und Kartoffelpüree.

Für 4 Portionen
Zubereitungszeit: ca. 20 Minuten (plus Brat-, Back- und Kochzeit)
Pro Portion: ca. 450 kcal/1890 kJ, 45 g E, 23 g F, 13 g KH

Rinderfilet mit Bratäpfeln

2 Stiele frischer Majoran
2 Zwiebeln
100 g Speck
4 El Butter + 2 El eiskalte Butter in Flöckchen
1 Bund Petersilie
6 Äpfel
2 El Zitronensaft
1 Ei
100 g gemahlene Mandeln
1 kg Rinderfilet (Mittelstück)
Salz, Pfeffer
1 El Butterschmalz
400 ml Kalbsfond
2 Tl Dijonsenf

Majoran waschen, trocken schütteln und Blättchen abzupfen. Zwiebeln schälen und in feine Würfel schneiden. Speck ebenfalls würfeln und in 2 El Butter goldgelb ausbraten. Zwiebeln und Majoran zufügen und alles glasig dünsten, etwas abkühlen lassen. Petersilie waschen, trocken schütteln und die Blättchen fein hacken. 2 Äpfel waschen, schälen, entkernen, würfeln und mit Zitronensaft beträufeln. Mit den vorbereiteten Speck-Zwiebeln, dem Ei, Petersilie und den gemahlenen Mandeln gut mischen.

Den Backofen auf 175 °C (Umluft 155 °C) vorheizen. Die restlichen 4 Äpfel waschen, trocken tupfen und das Kerngehäuse mit einem Apfelausstecher herausstechen, anschließend mit dem Löffel den Hohlraum in der Mitte etwas vergrößern. Äpfel auf ein mit Backpapier ausgelegtes Backblech legen, mit ca. der Hälfte der Apfel-Speck-Zwiebel-Mischung füllen. Die Bratäpfel mit 2 El Butter in Flöckchen belegen und im Backofen ca. 45 min. backen.

Inzwischen das Rinderfilet waschen, trocken tupfen, salzen, pfeffern und im heißen Butterschmalz rundherum kräftig anbraten, dann das Fleisch auf der Oberseite mit der restlichen Apfel-Speck-Zwiebel-Mischung bestreichen, zu den Äpfeln legen und bis zum Schluss (ca. 35 min.) mitbraten. Nach der Bratzeit das Filet auf einer vorgewärmten Platte etwas ruhen lassen.

Bratensatz in der Pfanne mit dem Kalbsfond ablöschen und einkochen lassen, kurz vor dem Servieren Senf und eiskalte Butterflöckchen einrühren. Rinderfilet in Scheiben schneiden und mit den Bratäpfeln und der Sauce anrichten. Dazu passen Kroketten.

Für 4 Portionen
Zubereitungszeit: ca. 25 Minuten (plus Garzeit)
Pro Portion: ca. 846 kcal/3553 kJ, 69 g E, 50 g F, 27 g KH

Rehrücken mit Cranberrysauce

250 g Cranberrys (frisch oder TK)
150 g Schalotten
2 Birnen
1 Zitrone
4 El Öl
4 El Aceto balsamico
75 g brauner Zucker
1 Prise Salz
3–4 Zweige Thymian
600–700 g ausgelöster Rehrücken (Rehrückenfilet)
Pfeffer
1 El Tomatenmark
1 Glas Wildfond (400 ml)
1/4 l trockener Rotwein
1 gestrichener Tl Speisestärke
Babybirnen aus der Dose zum Garnieren

Frische Cranberrys waschen und abtropfen lassen, TK-Cranberrys auftauen. Schalotten schälen und fein würfeln. Birnen waschen, schälen, vierteln, entkernen und in kleine Stücke schneiden. Zitrone auspressen.

2 El Öl in einem Topf erhitzen. Schalotten darin glasig dünsten. Cranberrys und Birnen kurz mitdünsten. Aceto balsamico, 100 ml Wasser, Zucker und etwas Salz zufügen. Aufkochen und offen bei schwacher Hitze ca. 15 Minuten einkochen. Thymian waschen, trocken schütteln und Blättchen abzupfen. Rehrücken waschen und trocken tupfen.

Backofen auf 200 °C (Umluft 180 °C) vorheizen. 2 El Öl in einer großen Pfanne erhitzen, Fleisch darin rundherum kräftig anbraten. Mit Salz, Pfeffer und Thymian würzen. In eine ofenfeste Form legen. Im vorgeheizten Backofen 20–25 Minuten braten.

Tomatenmark in den Bratensatz rühren, anschließend mit Wildfond und Rotwein ablöschen, aufkochen und die Sauce bei starker Hitze ca. 5 Minuten reduzieren. Stärke in 3–4 El Wasser glatt rühren und in den kochenden Fond rühren. 2–3 Minuten köcheln, anschließend Sauce mit Salz und Pfeffer abschmecken.

Rehrücken herausnehmen, in Alufolie wickeln und ca. 5 Minuten ruhen lassen. Cranberry-Birnen-Chutney mit Salz und Pfeffer abschmecken. Babybirnen abtropfen lassen. Alles anrichten und mit einer Babybirne garnieren. Dazu schmecken gratinierte Möhren und Kartoffelknödel.

Für 4 Portionen
Zubereitungszeit: ca. 35 Minuten (plus Garzeit)
Pro Portion: ca. 520 kcal/2184 kJ, 45 g E, 17 g F, 44 g KH

Saltimbocca alla Romana

4 große, dünn geschnittene Kalbsschnitzel (à 180 g)

Pfeffer

12 hauchdünne Scheiben roher Schinken

12 Salbeiblättchen

3 El Butter + 1 El eiskalte Butter in Flöckchen

Salz

1/8 l trockener Weißwein

Kalbsschnitzel waschen, trocken tupfen und jeweils in drei gleich große Stücke teilen. Fleisch flacher klopfen und leicht pfeffern. Auf jedes Schnitzel 1 Scheibe Schinken und 1 Salbeiblättchen legen und mit Holzspießchen flach am Schnitzel feststecken.

In einer Pfanne 3 El Butter zerlassen. Das Fleisch von jeder Seite ca. 2–3 Minuten braten. Leicht salzen, nochmals pfeffern und aus der Pfanne nehmen. Abgedeckt warm halten.

Den Bratensatz mit dem Wein ablöschen, etwa 2 Minuten kräftig aufkochen. Mit dem Schneebesen die eiskalte Butter in die Sauce rühren. Abschmecken und die Schnitzel in der Sauce nochmals kurz ziehen lassen. Dazu passt ein frischer grüner Salat.

Für 4 Portionen
Zubereitungszeit: ca. 20 Minuten (plus Brat- und Kochzeit)
Pro Portion: ca. 360 kcal/1512 kJ, 44 g E, 14 g F, 1 g KH

Unser Deko-Tipp:

Stellen Sie einen hitzefesten Teller gefüllt mit duftenden Gewürzen wie Zimtstangen, Koriander, Wacholder, Nelken, Sternanis und Lorbeer auf die Heizung und schon füllt sich das ganze Haus zart mit weihnachtlichen Düften.
Einen sehr aromatischen Duft verströmen übrigens auch Orangen-Nelken-Pomander: Bestecken Sie eine oder mehrere Orangen kreuzweise mit einer oder zwei Reihen von Gewürznelken. Um das Einstecken zu erleichtern, können Sie mit einer Stricknadel oder einem Nagel vorher entsprechende Löcher hineinpieksen. Achten Sie darauf, dass die Duftorangen trocken stehen, damit sie nicht schimmeln.

Steaks mit Trüffelpüree und Sauerkraut

425 g Sauerkraut aus der Dose
1 Zwiebel
1 El Butterschmalz
2 Lorbeerblätter
5 Wachholderbeeren
Salz, Pfeffer
4 Rinderfiletsteaks (à ca. 150 g)
1–2 El Öl
1 Packung Kartoffelpüree (für 1/2 l Flüssigkeit)
80 g Trüffelbutter
5–6 El Sahne
roter Pfeffer, grob gehackt, nach Belieben

Sauerkraut abtropfen lassen. Zwiebel schälen und fein würfeln. Butterschmalz in einem Topf erhitzen und die Zwiebel darin glasig dünsten. Sauerkraut, Lorbeerblätter, Wacholderbeeren, Salz, Pfeffer und etwas Wasser dazugeben und mindestens 30 Minuten auf mittlerer Flamme köcheln. Am Schluss Wacholderbeeren und Lorbeerblätter entfernen und das Kraut abtropfen lassen.

Filets waschen und trocken tupfen. Im heißen Öl pro Seite 2–3 Minuten anbraten. Mit Salz und Pfeffer würzen.

500 ml Wasser mit 1/2 Tl Salz aufkochen. Topf vom Herd nehmen und die Püreeflocken einrühren. 1 El Trüffelbutter und das Sauerkraut unterheben. Zugedeckt warm halten.

Steaks in Folie wickeln und 5 Minuten ruhen lassen. Bratensatz mit 5–6 El Wasser und der Sahne ablöschen. 2–3 Minuten köcheln und mit Salz und Pfeffer abschmecken. Püree abschmecken und noch einmal durchrühren. Alles auf vorgewärmten Tellern anrichten, den Rest Trüffelbutter auf den Steaks verteilen und nach Belieben mit rotem Pfeffer bestreuen.

Für 4 Portionen
Zubereitungszeit: ca. 20 Minuten (plus Garzeit)
Pro Portion: ca. 480 kcal/2016 kJ, 35 g E, 29 g F, 17 g KH

Unser Gourmet-Tipp:

Selbst gemachtes Kartoffelpüree ist gar nicht schwer:
500 g mehlig kochende Kartoffeln schälen, unter fließendem Wasser abspülen und in grobe Stücke schneiden. In einen Topf geben und knapp mit Wasser bedecken, salzen und zum Kochen bringen. Ca. 20 Minuten bei mittlerer Temperatur gar kochen. Wasser abgießen und Kartoffeln etwas ausdampfen lassen. 1/4 l Milch erwärmen und zu den Kartoffeln gießen. Kartoffeln am besten mit einem Kartoffelstampfer zerdrücken. Nicht mit dem Pürierstab pürieren, da das Kartoffelpüree sonst „seifig“ wird. Ein Eigelb und 20 g Butter unter das Kartoffelpüree rühren und evtl. leicht nachsalzen. Anschließend mit frisch gehackter Petersilie bestreuen und servieren.

Rinderbraten in Lebkuchen-Sauce

3 Zwiebeln
1 Bund Suppengrün
1,2 – 1,5 kg Rinderschmorbraten (z. B. aus der Keule)
Salz, Pfeffer
1 El Butterschmalz
2 El Tomatenmark
1/4 l Rotwein
2 Tl gekörnte Fleischbrühe
1 Lorbeerblatt
2 Gewürznelken
je 1/2 Tl Wacholderbeeren und Pfefferkörner
600 g Prinzessbohnen
12–14 Scheiben Frühstücksspeck
60 g Saucenlebkuchen oder Lebkuchen ohne Guss
1 El Butter

Zwiebeln schälen, 2 Zwiebeln vierteln. Suppengrün putzen, bzw. schälen, waschen und grob in Stücke schneiden. Fleisch waschen, trocken tupfen und mit Salz und Pfeffer würzen. Schmalz in einem Bräter erhitzen. Fleisch darin rundherum kräftig anbraten. Suppengrün und Zwiebelviertel 3–4 Minuten mitbraten. Tomatenmark einrühren und kurz anschwitzen. Rotwein, 700 ml Wasser, Brühe und Gewürze einrühren. Aufkochen und zugedeckt bei mittlerer Hitze 1,5 – 2 Stunden schmoren.

Bohnen putzen, waschen und zugedeckt in wenig kochendem Salzwasser ca. 12 Minuten dünsten. Abgießen und abschrecken. Einige Bohnen bündeln und mit je einer Scheibe Speck umwickeln.

Rinderbraten aus der Flüssigkeit nehmen, in Alufolie wickeln und warm stellen. Bratfond durch ein Sieb in einen Topf gießen. Lebkuchen hineinbröseln. Alles aufkochen und unter gelegentlichem Rühren ca. 10 Minuten bei starker Hitze einkochen.

Übrige Zwiebel fein würfeln. Butter in einer Pfanne erhitzen. Zwiebel darin andünsten. Bohnenpäckchen zugeben und unter Wenden ca. 5 Minuten braten. Sauce falls nötig durchsieben. Mit Salz und Pfeffer abschmecken. Braten in Scheiben schneiden. Mit Bohnen und Sauce anrichten. Dazu passen Petersilienkartoffeln.

Für 6 Portionen
Zubereitungszeit: ca. 45 Minuten (plus Garzeit)
Pro Portion: ca. 560 kcal/2352 kJ, 43 g E, 32 g F, 13 g KH

Seeteufelfilet mit Olivensauce

2 unbehandelte Zitronen
1 Zweig Rosmarin
1 Tl Meersalz
4 Seeteufelfilets (à ca. 200 g)
200 g schwarze Oliven (ohne Stein)
$^{1}/_{2}$ rote Chilischote
je $^{1}/_{2}$ Bund Basilikum, Majoran und Petersilie
1 Handvoll zarte Blätter vom Staudensellerie
1 Knoblauchzehe
8 El Olivenöl
Pfeffer
etwas Aceto balsamico
150 g Rucola
Salz

Zitronen waschen, abtrocknen und die Schale fein abreiben. Zitronen auspressen und beiseitestellen. Rosmarin waschen und trocken schütteln. Nadeln abzupfen, mit Salz und Zitronenschale im Mörser zerstoßen. Fisch abspülen, trocken tupfen und mit der Paste einreiben. In Folie wickeln und 1 Stunde im Kühlschrank ziehen lassen.

Oliven grob hacken. Chili längs aufschneiden, entkernen, waschen, trocken tupfen und hacken. Kräuter und Staudensellerieblätter waschen, trocken schütteln und hacken. Knoblauch schälen und fein hacken. 3 El Olivenöl und 4–5 El Zitronensaft unterrühren. Mit Pfeffer und Aceto balsamico abschmecken.

Backofen auf 200 °C (Umluft 180 °C) vorheizen. Fischfilets aus dem Kühlschrank nehmen, Marinade abtupfen und mit etwas Olivenöl bestreichen. Eine große ofenfeste Pfanne erhitzen. 1–2 El Olivenöl hineingeben. Den Fisch darin auf beiden Seiten 2 Minuten anbraten und ca. 7 Minuten im Ofen fertig garen.

Rucola putzen, waschen und trocken schleudern. In einer Schüssel mit dem restlichen Olivenöl und etwas Zitronensaft, Salz und Pfeffer anmachen. Rucola und Fisch auf vorgewärmten Tellern mit der Olivenpaste anrichten. Dazu schmeckt Kartoffelpüree.

Für 4 Portionen
Zubereitungszeit: ca. 20 Minuten (plus Marinier- und Garzeit)
Pro Portion: ca. 400 kcal/1680 kJ, 38 g E, 26 g F, 1 g KH

Desserts

Glühweinparfait mit Datteln und Orangen

1 Vanilleschote
1 unbehandelte Blutorange
3 Kapseln Kardamom
500 ml trockener Rotwein (z. B. Merlot)
1 Zimtstange
4 Nelken
4 Eigelbe
200 g gesiebter Puderzucker
400 ml Sahne
8 Datteln
1 Tl Zimtzucker nach Belieben

Vanilleschote der Länge nach aufschneiden und das Vanillemark herauskratzen. Die Orange waschen, trocken tupfen, die Schale mit einem Zestenreißer fein abziehen und das Fruchtfleisch filetieren. Kardamomkapseln öffnen und die schwarzen Samen herausnehmen. Den Rotwein in einen Topf geben, mit den Gewürzen und der abgeriebenen Orangenschale aufkochen und eine Weile köcheln lassen.

Eigelbe und Puderzucker im Wasserbad schaumig weiß schlagen, dann aus dem Wasserbad nehmen. Den Glühwein durch ein Sieb gießen, ein Viertel der Menge beiseitestellen und den Rest nach und nach zur Eiermasse quirlen. Die Masse so lange schlagen, bis sie kalt und schön schaumig-luftig ist. Die Sahne steif schlagen und unter die Creme heben.

Creme portionieren und bis zum Verzehr für ca. 12 Stunden einfrieren. Datteln entsteinen, fächerförmig aufschneiden und mit den filetierten Orangenstücken in den abgekühlten Rest Glühwein geben und kühl stellen. Die Creme beim Anrichten nach Belieben mit Zimtzucker bestäuben. Mit den Orangenfilets und den Datteln anrichten, den restlichen Glühwein auf den Tellern verteilen und servieren.

Für 4 Portionen
Zubereitungszeit: ca. 25 Minuten (plus Koch- und Gefrierzeit)
Pro Portion: ca. 604 kcal/2537 kJ, 4 g E, 32 g F, 56 g KH

Zimteis mit Punschpflaumen

- 2 frische Eigelbe
- 125 g Puderzucker
- 200 g Crème double
- 250 g Sahnejoghurt
- 2 gestrichene Tl Zimt
- 60 g Lebkuchen (ohne Guss)
- 1 Glas Pflaumen (720 g)
- 2 Msp. Gewürznelkenpulver
- 2 Msp. Anispulver
- 3 El trockener Rotwein
- 1 El Speisestärke

Eigelbe und Zucker im heißen Wasserbad ca. 10 Minuten hell cremig aufschlagen. Dann etwas abkühlen lassen.

Crème double, Joghurt und Zimt unter die Creme rühren. Lebkuchen fein zerbröseln und unterheben. Creme in 6 Förmchen (à ca. 150 ml) füllen und glatt streichen. Über Nacht zugedeckt einfrieren.

Pflaumen abtropfen lassen, dabei den Saft auffangen. Saft, Nelken und Anis aufkochen. Rotwein und Stärke glatt rühren, in den Saft rühren und aufkochen. Die Pflaumen unterheben. Förmchen kurz in heißes Wasser tauchen. Dann das Eis nach Belieben auf Dessertteller stürzen oder in den Schälchen lassen. Mit den Punschpflaumen anrichten und servieren.

Für 6 Portionen
Zubereitungszeit: ca. 20 Minuten (plus Gefrier- und Kochzeit)
Pro Portion: ca. 370 kcal/1554 kJ, 4 g E, 20 g F, 42 g KH

Obstsalat mit Rotweinfeigen

- 9 getrocknete Feigen
- etwas (trockener) Rotwein
- 3 Orangen
- 2 Mandarinen
- 2 Äpfel
- 2 Birnen
- 400 ml Sahne
- 2 Tl Zimt
- 2 Päckchen Vanillezucker

Getrocknete Feigen in eine Schüssel geben und mit Rotwein bedecken. Mindestens 4 Stunden, am besten über Nacht, ziehen lassen.

Orangen und Mandarinen sehr gründlich abschälen, sodass keine weiße Schale mehr zu sehen ist, in Viertel teilen und die Viertel quer in Scheiben schneiden. 6 Orangenstücke für die Dekoration beiseitelegen.

Äpfel und Birnen waschen, trocken tupfen und Gehäuse entfernen. Anschließend (mit der Schale) in mundgerechte Stücke schneiden. Feigen aus dem Rotwein nehmen, abtropfen lassen, den Stielansatz entfernen und in Stücke schneiden. Feigen, Äpfel und Birnen mit den Orangen und Mandarinen mischen.

Sahne mit dem Zimt und dem Vanillezucker nicht ganz steif schlagen. Sahne und Obst auf 6 Gläser schichtweise verteilen und mit je einem Orangenstück garnieren.

Für 6 Portionen
Zubereitungszeit: ca. 20 Minuten (plus Zeit zum Ziehen)
Pro Portion: ca. 335 kcal/1407 kJ, 3 g E, 20 g F, 32 g KH

Bayerische Creme

5 Blatt weiße Gelatine
1 Vanilleschote
300 ml Milch
3 Eigelbe
100 g Zucker
300 ml Sahne

Gelatine nach Packungsanweisung in kaltem Wasser einweichen. Vanilleschote längs einschneiden, das Mark herauskratzen und in die Milch geben. Zusammen mit der Schote aufkochen, Milch vom Herd nehmen und die Schote entfernen.

Eigelbe und Zucker über einem heißen Wasserbad mit dem Schneebesen cremig schlagen. Nach und nach die heiße Vanillemilch unter die Eiercreme rühren. Gelatine ausdrücken und in der heißen Creme unter Rühren auflösen, dann alles abkühlen lassen.

Creme ca. 1 Stunde kalt stellen, bis sie gerade zu gelieren beginnt. (Probe: Mit dem Messer kurz durch die Creme fahren. Hinterlässt es eine Spur, ist der Zeitpunkt richtig.) Sahne steif schlagen und mit dem Schneebesen unter die Creme heben. Creme in kalt ausgespülte Förmchen füllen und bis zum Erstarren mindestens 4 Stunden, am besten über Nacht, in den Kühlschrank stellen. Dazu passt Aprikosenpüree.

Für 4 Portionen
Zubereitungszeit: ca. 25 Minuten (plus Kühlzeiten)
Pro Portion: ca. 400 kcal/1680 kJ, 8 g E, 27 g F, 31 g KH

Birne Helene

1 unbehandelte Zitrone
1 Vanilleschote
50 g Zucker
4 reife, feste Birnen (ca. 700 g)
100 g Zartbitterschokolade
150 ml Sahne
250 g Vanilleeis

Zitrone heiß waschen, trocken tupfen und die Schale dünn abschälen. Zitrone auspressen. Vanilleschote der Länge nach aufschneiden und das Mark herauskratzen. Zucker, Zitronensaft, Zitronenschale und Vanilleschote in eine große Pfanne geben, 250 ml Wasser angießen und aufkochen lassen.

Birnen waschen, schälen und längs halbieren. Die Blütenansätze herausschneiden. Kerngehäuse herausschneiden. Birnenhälften mit der Schnittseite nach unten in den kochenden Sud legen und zugedeckt bei schwacher Hitze 12–15 Minuten köcheln. Die Birnen im Sud auskühlen lassen. Schokolade in Stücke brechen oder grob hacken. Sahne in einem Topf erwärmen. Schokolade darin unter Rühren bei schwacher Hitze schmelzen.

Birnen aus dem Sud heben, kurz abtropfen lassen, je zwei Hälften auf einen Dessertteller legen und etwas heiße oder kalte Schokosauce darübergießen. 4 Eiskugeln abstechen und auf jeden Dessertteller 1 Kugel setzen. Sofort servieren und die restliche Sauce dazureichen.

Für 4 Portionen
Zubereitungszeit: ca. 20 Minuten (plus Kochzeit)
Pro Portion: ca. 420 kcal/1764 kJ, 5 g E, 24 g F, 42 g KH

Eissterne mit Kokos und Krokant

2 El Kokosraspel
6 Eigelbe + 4 Eier
150 g Zucker
1 l Sahne
2 cl Kokoslikör
2 geh. Tl Zimt
4 cl Zimtlikör (ersatzweise Rum)
50 g Krokant
TK-Himbeeren und Physalis zum Verzieren

Kokosraspel in einer Pfanne ohne Fett anrösten. Eigelbe, Eier und Zucker im heißen Wasserbad schaumig aufschlagen. Ins kalte Wasserbad stellen und den Eischaum kalt schlagen. Sahne steif schlagen und unterziehen. Von der Creme 1/3 abnehmen, den Kokoslikör untermischen und kalt stellen.

Die restliche Creme vorsichtig mit dem gemahlenen Zimt und dem Zimtlikör (bzw. Rum) mischen. Eine Backform mit Backpapier auslegen. Zimtcreme hineinstreichen und 30 Minuten tiefkühlen.

Kokosraspel und Krokant mischen. Kokoscreme auf die Zimtcreme streichen, mit der Krokantmischung bestreuen und über Nacht ins Tiefkühlfach stellen. Aus dem Eis Sterne ausstechen und auf Tellern anrichten, mit Himbeeren und Physalis garnieren und sofort servieren.

Für 12 Stück
Zubereitungszeit: ca. 50 Minuten (plus Kühl- und Gefrierzeit)
Pro Portion: ca. 351 kcal/1474 kJ, 6 g E, 28 g F, 14 g KH

Bratäpfel

- 150 g Pekan- oder Walnüsse
- 8 El Johannisbeergelee
- 7 kleine, säuerliche Äpfel
- 3 El Butter
- 1 Päckchen Vanille-Saucenpulver (zum Kochen, für 1/2 l Milch)
- 2 El Zucker
- 1/2 l Milch
- Fett für die Form

Nüsse grob hacken und in einer Pfanne ohne Fett anrösten. Etwas abkühlen lassen. Dann mit Johannisbeergelee verrühren.

Backofen auf 200 °C (Umluft 180 °C) vorheizen. Äpfel waschen und trocken tupfen. Das Kerngehäuse mit einem Apfelausstecher entfernen. Äpfel in eine flache, gefettete Auflaufform setzen. Nuss-Gelee-Füllung in die Äpfel geben. Butter in Flöckchen daraufsetzen und im Ofen ca. 30 Minuten backen.

Inzwischen für die Vanillesauce Saucenpulver, Zucker und 6 El Milch verrühren. Restliche Milch aufkochen, Saucenpulver einrühren und ca. 1 Minute köcheln. Bratäpfel servieren und die Vanillesauce heiß oder lauwarm dazureichen.

Für 7 Portionen
Zubereitungszeit: ca. 20 Minuten (plus Backzeit)
Pro Portion: ca. 388 kcal/1632 kJ, 6 g E, 23 g F, 37 g KH

Unser Deko-Tipp:

Für stimmungsvolle Goldpapier-Engel brauchen Sie: ein Stück stabile Pappe, einen Stift, eine Schere, Goldfolie, Nadel und Faden. Malen Sie die Silhouette eines Engels als Schablone auf eine Pappe und schneiden Sie ihn aus. Anschließend übertragen Sie die Form mit einem Stift so oft Sie wollen auf die Goldfolie. Schneiden Sie die Engel aus und ziehen Sie den Körper über den Scherenrücken nach hinten, die Arme nach vorne und die Flügel wieder leicht nach hinten. Mit Nadel und Faden bringen Sie am Kopf noch einen Aufhänger an.

Himbeer-Joghurt-Kaltschale

600 g TK-Himbeeren

500 ml Sahne

1 Pk. Sahnesteif

300 g griechischer Naturjoghurt (10 %)

250 g Rohrzucker

Die Himbeeren unaufgetaut in einer möglichst flachen, großen Schale locker verteilen. Die Sahne mit Sahnesteif steif schlagen. Sahne unter den Joghurt heben und die Creme auf den Himbeeren verteilen. Anschließend 200 g Rohrzucker gleichmäßig auf der Creme verteilen. Über Nacht im Kühlschrank ziehen lassen. Vor dem Servieren den restlichen Zucker auf der Creme verteilen.

Für 8 Portionen
Zubereitungszeit: ca. 15 Minuten (plus Kühlzeit)
Pro Portion: ca. 401 kcal/1684 kJ, 4 g E, 22 g F, 45 g KH

Papayacreme mit Cassis

2 Papayas

8 große Kugeln Vanilleeis

8 El Cassislikör oder nichtalkoholischen Cassissirup

Zitronenmelisse zum Dekorieren

Die Papayas waschen, schälen, Kerne entfernen und das Fruchtfleisch in grobe Stücke schneiden. Fruchtfleisch in einen Gefrierbeutel geben und 20 Minuten lang ins Eisfach legen.

Anschließend Fruchtfleisch in den Mixer geben und mit dem Eis ca. 1 Minute lang mixen. In vier breite Kelche oder offene Schalen füllen. Likör oder Sirup kreisförmig darübergießen, mit der Zitronenmelisse dekorieren und sofort servieren.

Für 4 Portionen
Zubereitungszeit: ca. 10 Minuten (plus Kühlzeit)
Pro Portion: ca. 164 kcal/689 kJ, 2 g E, 1 g F, 31 g KH

Apple Crumble

4 Äpfel
40 g Rosinen
1 El Zucker + 50 g Zucker
1/2 Glas Weißwein
Saft von 1/2 Zitrone
1 Prise gemahlene Nelken
1/2 Tl Zimt
100 g Mehl
70 g geschmolzene Butter
1 Prise Salz
4 El gestiftete Mandeln
Fett für die Form

Äpfel waschen, schälen, vierteln, Gehäuse entfernen und in Scheiben schneiden. Mit Rosinen, 1 El Zucker, Wein, Zitronensaft und Gewürzen dünsten, aber nicht weich kochen. Anschließend in eine gefettete, ofenfeste Form geben.

Backofen auf 175 °C (Umluft 155 °C) vorheizen. Aus Mehl, Butter, 50 g Zucker und Salz einen krümeligen Teig herstellen und die Äpfel damit bedecken. Mandeln darüberstreuen und im Ofen auf mittlerer Schiene ca. 25 Minuten backen.

Nach dem Backen lauwarm servieren. Schmeckt sehr gut mit Crème fraîche und Calvados oder auch mit Vanilleeis und Schlagsahne.

Für 4 Portionen
Zubereitungszeit: ca. 20 Minuten (plus Backzeit)
Pro Portion: ca. 306 kcal/1285 kJ, 3 g E, 16 g F, 34 g KH

Unser Deko-Tipp:

Weihnachtskugeln aus Wolle oder aus Geschenkbändern sind dekorativ und ganz schnell und einfach herzustellen. Sie brauchen: Kugeln aus Styropor, Alleskleber, eine Schere und vor allem Wolle und bunte Bänder. Tupfen Sie ein wenig Alleskleber auf die Kugel, verreiben ihn ein wenig und legen den Anfang eines Fadens oder Bandes darauf. Nun kommt immer etwas mehr Kleber auf die Kugel und Sie wickeln den Faden dicht an dicht in Runden, bis die Kugel bedeckt ist. Farben und Bandqualitäten (z. B. Satinband, Tüllband Lurex- oder Bouclewolle) bestimmen die Optik der Kugeln. Wenn Sie am anderen Ende der Kugel angelangt sind, lassen Sie ein längeres Stück Band hängen und binden eine Schlaufe daraus. Sie können auch noch Perlen auffädeln und miteinweben.

Karamellisierte Feigen

12–18 frische Feigen
1/2 Vanilleschote
5 El Zucker
5 El Butter
Saft von 3 Orangen
100 g Honig
6 Mandelplätzchen
6 Kugeln Vanilleeis
Puderzucker zum Bestreuen
Fett für die Form

Backofen auf 180 °C (Umluft 160 °C) vorheizen. Feigen waschen, trocken tupfen, am Stielende kreuzweise einschneiden. Vanilleschote der Länge nach aufschneiden und das Mark herauskratzen, mit dem Zucker mischen.

Butter in einer Pfanne erhitzen. Feigen darin rundherum anbraten, Vanillezucker darüberstreuen und leicht karamellisieren lassen.

Feigen in eine kleine, gebutterte Auflaufform setzen. Verbliebenes Karamell in der Pfanne mit dem Orangensaft ablöschen, Honig unterrühren, kurz erhitzen. Feigen mit der Sauce übergießen und im Ofen etwa 10 Minuten backen.

Jeweils 2–3 Feigen auf einem Teller anrichten. Mandelgebäck und jeweils 1 Kugel Eis dazugeben. Mit Puderzucker bestäubt servieren.

Für 6 Portionen
Zubereitungszeit: ca. 15 Minuten (plus Backzeit)
Pro Portion: ca. 326 kcal/1369 kJ, 3 g E, 5 g F, 65 g KH

Sektmousse mit Granatapfelkernen

6 Blatt weiße Gelatine
4 frische Eier
75 g Zucker
200 ml Sekt
1 El Zitronensaft
150 ml Sahne
1 Granatapfel

Gelatine nach Packungsanweisung in kaltem Wasser einweichen. Eier trennen. Eiweiße kalt stellen. Eigelbe und Zucker mit dem Handrührer 8–10 Minuten cremig schlagen. Dann Sekt (bis auf 3 El) und Zitronensaft nach und nach einrühren.

Gelatine ausdrücken und in einem kleinen Topf mit dem restlichen Sekt bei sehr schwacher Hitze unter Rühren auflösen. Topf sofort vom Herd nehmen. Erst 2–3 El Sektcreme in die Gelatine rühren. Dann die Gelatinemischung unter die übrige Sektcreme rühren. Ca. 30 Minuten kalt stellen, bis die Creme zu gelieren beginnt. Eiweiße und Sahne getrennt steif schlagen. Zuerst Sahne und dann Eischnee unter die gelierende Creme heben. Alles zugedeckt mindestens 1 Stunde kalt stellen.

Den Granatapfel halbieren. Mit einem Löffel auf die Schale klopfen, sodass sich die Kerne lösen und herausfallen. Die Creme löffelweise abstechen und in Dessertschälchen anrichten. Vor dem Servieren mit den Granatapfelkernen bestreuen.

Für 4 Portionen
Zubereitungszeit: ca. 35 Minuten (plus Kühlzeit)
Pro Portion: ca. 360 kcal/1512 kJ, 11 g E, 19 g F, 24 g KH

Nougat-parfait

100 g Mandelblättchen
4 Eier
3 El Zucker
3 El Honig
100 g Nussnougat (schnittfest)
250 ml Sahne
6 essbare, kandierte Orchideenblüten zum Dekorieren (aus dem Asia-Laden)

Mandeln in einer Pfanne ohne Fett rösten, herausnehmen. Eier trennen. Eigelbe, Zucker und Honig im heißen Wasserbad 5–6 Minuten cremig schlagen. Nougat würfeln und im heißen Wasserbad schmelzen. Flüssigen, lauwarmen Nougat unter die Eiermasse rühren. Alles etwas abkühlen lassen.

Eine Kastenform (ca. 1 l Inhalt) oder eine leere Eisdose mit Folie auslegen. Eiweiß und Sahne getrennt steif schlagen. Erst die Mandeln bis auf 1 Esslöffel unter die Eiermasse rühren, dann die Sahne und zuletzt den Eischnee unterheben. Parfaitmasse in die Form füllen, abdecken und mindestens 6 Stunden, am besten über Nacht, ins Gefrierfach stellen.

Parfait aus der Form stürzen und in Scheiben schneiden oder mit einem Eisportionierer Kugeln abstechen. Mit dem Rest Mandeln bestreuen und mit jeweils 1 kandierten Orchideenblüte (s. Tipp) servieren.

Für 6 Portionen
Zubereitungszeit: ca. 30 Minuten (plus Gefrierzeit)

Unser Feinschmecker-Tipp:

Zutaten für die kandierten Orchideen: 6 essbare Orchideenblüten, 1 frisches Eiweiß, 2 El Zucker. Eiweiß mit einer Gabel verquirlen. Eiweiß und Zucker in getrennte, flache Schälchen geben. Die Orchideenblüten erst mit der Innenseite in das Eiweiß tauchen (evtl. einen feinen Pinsel zu Hilfe nehmen), anschließend in den Zucker. Die Blüten auf Pergamentpapier legen und an einem warmen Ort etwa zwei Stunden trocknen lassen.

Heiße Trauben mit Mandelstreuseln

1,6 kg kernlose Weintrauben (weiß oder blau)
250 g Zucker
1/4 l Traubensaft
Saft von 1 Zitrone
250 g Mehl
1 Tl Backpulver
1 Msp. gemahlener Zimt
100 g Crème fraîche
2–3 Tropfen Bittermandelöl
100 g gestiftelte oder gehackte Mandeln
100 g kalte Butter
Puderzucker zum Bestäuben
Sahne oder Vanilleeis nach Belieben

Backofen auf 180 °C (Umluft 160 °C) vorheizen. Weintrauben waschen, trocken tupfen, putzen und auf einem Backblech verteilen. Trauben mit 50 g Zucker bestreuen, mit Traubensaft und Zitronensaft begießen und im Ofen auf mittlerer Schiene 5 Minuten backen.

Inzwischen Mehl mit Backpulver, restlichem Zucker und Zimt vermischen und auf ein Brett sieben. In die Mitte eine Mulde drücken und die Crème fraîche mit dem Bittermandelöl hineingeben. Den Rand mit den Mandeln und der in kleine Stücke geschnittenen Butter belegen. Alles schnell zu Streuseln verkneten. Trauben aus dem Ofen nehmen, auf 8 feuerfeste Förmchen verteilen und die Streusel gleichmäßig auf den Trauben verteilen.

Alles zurück in den Ofen geben und ca. 25 Minuten goldbraun backen. Mit Puderzucker bestäuben und am besten lauwarm mit geschlagener Sahne oder Vanilleeis genießen. Wenn keine Kinder mitessen, kann statt des Traubensaftes auch Weißwein verwendet werden.

Für 8 Portionen
Zubereitungszeit: ca. 25 Minuten (plus Backzeit)
Pro Portion: ca. 580 kcal/2436 kJ, 7 g E, 18 g F, 94 g KH

Rotweinbirnen mit Schokoladensahne

1 Orange
1 Zitrone
300 ml Rotwein
1 Sternanis
1/2 Zimtstange
Mark von 1/2 Vanilleschote
130 g Zucker
4 Birnen
200 ml Sahne
1 Päckchen Vanillezucker
50 g Bitterschokolade
2 Zweige Melisse und Schokoladenraspel zum Garnieren

Orange und Zitrone auspressen. 100 ml Wasser zusammen mit Wein, Sternanis, Zimt, Vanillemark, Zucker, Orangen- und Zitronensaft aufkochen. Birnen dünn abschälen, den Stiel vorsichtig herausdrehen. Birnen im Sud 10–15 Minuten bei kleiner Hitze garen. Die Birnen 1–2 Tage im Sud ziehen lassen.

Birnen abtropfen lassen. Sahne mit dem Vanillezucker steif schlagen. Bitterschokolade raspeln und unter die Sahne heben. Birnen auf Tellern anrichten und einen Klecks Schokosahne dazugeben. Mit Schokoladenraspeln und Melisse garnieren.

Für 4 Portionen
Zubereitungszeit: ca. 25 Minuten (plus Zeit zum Ziehen)
Pro Portion: ca. 434 kcal/1823 kJ, 4 g E, 17 g F, 55 g KH

Mohn-Marzipan-Quark mit Kirschen

4 El Milch
2 El gemahlener Mohn
1 Päckchen Vanillezucker
1 Glas Sauerkirschen (370 g)
1/2 Vanilleschote
1 El Zucker
1 Zimtstange
1 El Speisestärke
2–3 El Amarenakirschen mit Saft
75 g Marzipanrohmasse
500 g Sahnequark
100 ml Sahne
Minze zum Verzieren

Milch erhitzen, den gemahlenen Mohn mit 1 Tl Vanillezucker darin aufkochen und 10 Minuten ziehen lassen. Kirschen abtropfen lassen und den Saft dabei auffangen. Vanilleschote der Länge nach aufschneiden und auskratzen.

125 ml aufgefangener Kirschsaft, Zucker, Vanillemark mit Vanilleschote und Zimtstange aufkochen. Stärke in etwas aufgefangenem Kirschsaft glatt rühren und dazugeben. 1 Minute köcheln lassen, dann die Zimtstange und die Vanilleschote entfernen, Topf vom Herd nehmen und die Kirschen unterheben. Kompott auskühlen lassen. Am Schluss die Amarenakirschen daruntermischen.

Marzipan raspeln und mit ca. 100 g Quark pürieren. Restlichen Quark, Mohnmischung und restlichen Vanillezucker unterrühren. Sahne steif schlagen und unter den Mohnquark ziehen. Mohncreme und Kirschen abwechselnd in 6 Dessertgläser schichten und mit Minzeblättchen verzieren.

Für 6 Portionen
Zubereitungszeit: ca. 25 Minuten (plus Kühlzeit)
Pro Portion: ca. 330 kcal/1386 kJ, 12 g E, 20 g F, 18 g KH

Kaiserschmarrn

100 g Rosinen
4 El Rum oder Orangensaft
5 Eier
60 g Puderzucker
$^1/_4$ l Milch
250 ml Sahne
300 g Mehl
Salz
4 El Zucker
4 El Butterschmalz
Puderzucker zum Bestäuben

Rosinen in Rum oder Saft einweichen. Die Eier trennen. Eigelbe mit Puderzucker schaumig schlagen. Milch, Sahne und Mehl unterrühren. Den Teig 30 Minuten quellen lassen.

Eiweiß mit 1 Prise Salz in einer fettfreien Schüssel sehr steif schlagen, dabei den Zucker einrieseln lassen. Eischnee vorsichtig unter den Teig ziehen. Die Rumrosinen untermischen.

Butterschmalz in einer großen, beschichteten Pfanne erhitzen. Teig $^1/_2$ cm dick in die Pfanne gießen. Bei kleiner Hitze von beiden Seiten goldgelb backen. Dann den Eierkuchen mit Löffel und Gabel in Stücke reißen und mit Puderzucker bestäuben. Unter Wenden noch einige Minuten weiterbacken, bis der Zucker auf den Stücken leicht karamellisiert. Im Backofen warm halten und mit dem restlichen Teig genauso verfahren. Dazu passt Pflaumenkompott.

Für 6 Portionen
Zubereitungszeit: ca. 20 Minuten (plus Quell- und Backzeit)
Pro Portion: ca. 546 kcal/2293 kJ, 13 g E, 23 g F, 69 g KH

Register